Heike Wendler
Der Kater auf dem Kirchendach
… und andere Katzengeschichten

Der Kater auf dem Kirchendach

...und andere Katzengeschichten

benno

„Der himmlische Kater", „Das Phantom vom Pfarrhaus" und „Felicitas, die Friedhofskatze" stammen aus: Heike Wendler, „Der himmlische Kater: Aus dem Tagebuch einer Pfarrhauskatze", St. Benno Verlag, Leipzig
„Francesca, die Papstkatze" stammt aus: Heike Wendler, „Francesca, die Papstkatze, oder alle Wege führen nach Rom", St. Benno Verlag, Leipzig
„Der Kater auf der Orgelbank", „Der Wolf von Gubbio", „Eine Katze kommt selten allein", „Der Kater auf dem Kirchendach" und „Ein Helfer in der Not" stammen aus: Heike Wendler, „Der Kater auf der Orgelbank und andere Katzengeschichten", St. Benno Verlag, Leipzig
„Hilfe, Feuerwehr!" stammt aus: Heike Wendler, „Weihnachtskatz & Christbaumkerzen: Katzengeschichten", St. Benno Verlag, Leipzig

Illustrationen: © Algol / Fotolia

Bibliografische Information der Deutschen Nationalbibliothek
Die Deutsche Nationalbibliothek verzeichnet diese Publikation in der Deutschen Nationalbibliografie; detaillierte bibliografische Daten sind im Internet über http://dnb.d-nb.de abrufbar.

Besuchen Sie uns im Internet unter:
www.st-benno.de

Gern informieren wir Sie unverbindlich und aktuell auch in unserem Newsletter zum Verlagsprogramm, zu Neuerscheinungen und Aktionen. Einfach anmelden unter: www.st-benno.de.

ISBN 978-3-7462-4810-3

© St. Benno-Verlag GmbH, Leipzig
Umschlaggestaltung: Ulrike Vetter, Leipzig
Umschlagfoto: © Jitka Laniková/Fotolia
Gesamtherstellung: Kontext, Lemsel (A)

Inhalt

Der himmlische Kater

Untereich ist ein recht kleines Dorf, in dessen ungefährer Mitte sich der Dorfplatz befindet. Die Hauptstraße gabelt sich vorher und führt an beiden Seiten vorbei wie zwei Flussläufe an einer Insel. Unsere Gemeinde trägt den Namen Sankt Hedwig, und unsere restaurierte Barockkirche samt Seitenkapelle zählt zu den Sehenswürdigkeiten der Umgebung und wird sogar in einigen Reiseführern empfohlen. Es ist ein ruhiger Ort, einer, an dem eigentlich nichts Schlimmes passiert. Doch selbst dafür gibt es Ausnahmen: der Nachmittag, als ich dachte, die Welt geht unter.

Ich bin Goliath. Schwarz-weiß-getigert und acht Jahre alt. Ach ja, ich bin natürlich ein Kater. Und ich lebe bei Pfarrer Schneider und seiner Schwester Anni. Anni liebt Krimis, und sie liebt mich. Obwohl ich alles, nur kein Goliath bin. Den Namen hatte damals Pfarrer Schneider ausgesucht, als ich noch ein kleines Katzenbaby war und niemand absehen konnte, dass ich mich zu einem ausgesprochenen Angsthasen entwickeln würde. Laute Geräusche waren mir ein Gräuel, regelmäßig mutmaßte ich, dass eine Katastrophe hereinbrechen könnte, und flüchtete mich dabei schnell und ohne Rücksicht auf Verluste unter das Sofa. Meist rannte ich dabei irgendetwas um: Blumentöpfe, Fressnäpfe und sonstige meinen Fluchtweg versperrende Gegenstände. Und bis heute schaffe ich es nicht, mein Katzenklo so zu benutzen, dass Anni danach nicht die Katzenstreu vom Teppich fegen muss. Einmal habe ich mich sogar auf unserem Dachboden verlaufen und fand nicht mehr zur Treppe zurück. Und mein einziger Versuch, bis in den Wipfel unseres Pflaumenbaumes zu klettern, endete damit, dass mich die Feuerwehr von dort retten musste.

An jenem Tag war es mal wieder so weit – ich fühlte es. Anni auch, denn den ganzen Vormittag über hatte die schwüle Augusthitze über dem Dorf gehangen. Dank meines untrüglichen Instinkts ahnte ich, dass ein Gewitter in der Luft lag! Ich tigerte unruhig von einem Zimmer ins andere, in der festen Absicht, es dieses Mal besser zu machen. Noch war mein Fluchtweg offen, und ich hoffte inständig, dass es so bliebe.

Pfarrer Schneider warf einen besorgten Blick nach Norden, wo der Himmel in der Ferne schon von dichten, dunkelgrauen Wolken bedeckt war. Er schaltete das Radio ein und das Erste, was wir vernahmen, war eine Unwetterwarnung. Damit brach hektische Betriebsamkeit aus: Der Pfarrer brachte seinen Wagen in die Garage, und Anni hastete durchs Haus, um alle Fenster zu schließen. Dann ging es los, zunächst ganz harmlos mit einem kühlen Luftzug und einigen Regentropfen. Doch kurz darauf zerriss ein gewaltiger Donnerschlag die Stille. Ich duckte mich neben das Küchensofa, um beim ersten Blitz darunter zu verschwinden. Anni und Pfarrer Schneider hatten alle Elektrogeräte ausgesteckt und saßen bei mir in der Küche. Innerhalb weniger Minuten wurde der Wind zum Orkan, der alles mit sich riss, was nicht gedübelt und geschraubt war. Es war dunkel, trotzdem sahen wir durchs geschlossene Küchenfenster, wie Blumenkästen und Satellitenschüsseln durch die Gegend flogen; die Zeitungsbox von gegenüber fiel um und schlitterte quer über die Straße. Es blitzte, und für Sekundenbruchteile war es taghell im Haus. Ich kniff die Augen zu und sprang unters Sofa, auf dem meine beiden Menschen saßen.

Der Donner krachte, dann prasselten Hagelkörner herab. Es hörte sich an wie ein Konzert verschiedener Trommeln. Ich drückte mich dicht an die Wand und mein Herz raste und ratterte wie unser alter Rasenmäher. Dann ließ das Unwetter ein kleines bisschen nach. Ich hörte, wie meine Menschen aufschnauften, und begann selbst, mich etwas zu entspannen. Doch gerade als ich ganz zaghaft mein linkes Auge ein bisschen öffnete, krachte es wieder, als wäre eine Kanone im Nebenzimmer abgefeuert worden. Anni schrie auf, es krachte nochmals, und dann war es dunkel. Pfarrer Schneider stürzte hinaus.

„Anni, der Keller ist überflutet!", rief er kurz darauf, und wir hörten ihn dort unten rumoren. Dann war es plötzlich still.

„Herbert? Alles in Ordnung?", rief Anni. „Komm doch wieder rauf, wir müssen sowieso warten, bis alles vorbei ist!"

Das dauerte noch eine Weile, aber schließlich wurde der Donner immer leiser, der Hagel hörte auf, und es blitzte nur noch weit entfernt.

Wir entspannten uns etwas, aber nur vorübergehend. Als Pfarrer Schneider die Tür zum Garten öffnete, wehte ein kühler Luftzug herein. Ich schlich zur Tür, allerdings ganz vorsichtig und jederzeit zum blitzartigen Rückzug bereit, falls es wieder losgehen sollte. Der Garten lag voller Hagelkörner, manche so groß wie Hühnereier! Nun war es auch wieder hell draußen, sogar außergewöhnlich hell.

„Sieh dir das an! Die Eiche!" Pfarrer Schneider wurde so blass, dass ich fürchtete, er könnte in Ohnmacht fallen.

Doch stattdessen ging er los, durch die nasse Wiese und hinüber zum Dorfplatz. Die Abdeckung des Brunnens war nur noch zur Hälfte vorhanden, und auf den ersten Blick wirkte der ganze Platz wie ein Dschungel, weil so viele Äste herumlagen. Zwei der drei alten Eichen waren so gut wie entlaubt, doch die dritte hatte ihre gesamte Krone eingebüßt. Der Sturm hatte sie abgerissen und davongeschleudert. Allerdings nicht weit, nur bis zur Kirche. Dort war sie durch das Dach gekracht. Rund um die Kirche lagen zerschmetterte Dachziegel, Teile des Dachgebälks und noch mehr Äste. Die Baumkrone saß leicht schräg auf dem Kirchendach und bedeckte dessen eine Seite komplett, die andere etwa zur Hälfte, sodass das ganze Gebäude entfernte Ähnlichkeit mit einem krumm gewachsenen Pilz hatte.

Mein Pfarrer war fassungslos, und es dauerte eine Weile, bis er imstande war, die Kirche zu betreten. Ich folgte ihm in sicherem Abstand. Drinnen traf ihn fast der Schlag. Das Dach war durch die Eiche fast völlig zerstört, ebenso eine Längsseite des Kirchenschiffes, deren Fenster allesamt zerbrochen waren. Die Wand selbst war teilweise eingebrochen, und was davon noch stand, machte den Eindruck, als würde es jeden Moment einstürzen. Ströme von Regenwasser liefen die Wände hinab und bildeten Lachen auf dem Boden.

Anni schluchzte. Mittlerweile hatte sich das halbe Dorf vor und in der Kirche versammelt und bestaunte fassungslos den Schaden. Selbst die Sakristei war völlig zerstört, auch dort tropfte das Wasser hinein.

„Ob da noch viel zu retten sein wird?" Bürgermeister Hallig schüttelte bedenklich den Kopf. „Vor allem, was das wieder kostet!"

„Wir brauchen einen Notfallplan!", brachte mein Pfarrer die Sache auf den Punkt. „Die Wertgegenstände müssen gesichert und ausgelagert werden. Dann sollte der Innenraum gegen Wasser geschützt werden, vielleicht können ja Planen helfen! Und dann die Fenster ..."

„Der Tresor ist fest verankert, den kriegen wir nicht raus!" Bürgermeister Hallig sah unseren Pfarrer fragend an.

„Hier ist die Sicherheit jedenfalls nicht gewährleistet, die Feuerwehr und die Polizei in der Gegend haben wegen des Unwetters kein Personal frei, außerdem glaube ich, der Tresor ist beschädigt. Ich schlage vor, wie räumen alles raus, und Sie sprechen mit dem Bischof, wie zu verfahren ist. Sie können mein Handy benutzen!"

Er hielt meinem Pfarrer einen kleinen Gegenstand unter die Nase, in den dieser kopfschüttelnd und immer noch bleich vor Schreck irgendwas eintippte.

„Ja, bis morgen früh können wir die Sachen provisorisch ins Pfarrhaus bringen!", hörte ich ihn zustimmen. „Verstehe, keine andere Möglichkeit. Sie haben recht, es ist ja auch schon spät. Und für ein paar Stunden wird es gehen. Viel mehr Sorgen mache ich mir um unsere Kirche ..."

Von oben plätscherte immer noch Wasser auf meinen Kopf. Was hasste ich diesen Regen! Ich verkroch mich unter eine Kirchenbank, doch auch da tropfte es hin. Im Zickzackkurs huschte ich durch die Beine der Gemeindemitglieder nach draußen. Ich kam gerade noch rechtzeitig wieder im Pfarrhaus an, um den Freiwilligen im Weg zu stehen, die begonnen hatten, die goldene Monstranz und andere Kirchenschätze zu evakuieren.

„Husch, husch, Goliath!", verscheuchte mich Romy, die Tochter des Bürgermeisters. Sie war eigentlich recht nett, zumindest versuchte sie mich zu schützen, indem sie sich vor mich stellte, sodass mir keiner der Träger auf die Pfoten treten konnte.

„Am besten gehst du aus dem Weg!", riet sie, doch zu spät, im nächsten Moment trat mir der Einsatzleiter der Freiwilligen Feuerwehr auf die Schwanzspitze. Ich heule auf und rettete mich in die Küche.

„Wir haben die Lage unter Kontrolle!", versicherte er Anni. „Wir kümmern uns jetzt um die Absicherung des Kircheninnenraumes und stützen den Dachstuhl ab. Der könnte sonst jeden Moment einstürzen. Die Sakristei hat es am ärgsten getroffen. Und nehmen Sie mal die Katze weg! Die ist hier im Weg."

Ich funkelte ihn böse an. Natürlich saß ich im Weg, aber konnte er nicht aufpassen, wo er hintrat? Als ein paar Gemeindemitglieder den barocken Altaraufsatz hereintrugen, machte ich, dass ich wegkam. Es war schon Abend, als der Pfarrer andächtig die geretteten Gegenstände in unserem Wohnzimmer bestaunte: den Abendmahlskelch, die Strahlenmonstranz, das Ziborium, zwei vergoldete Leuchterengel, die Pietà und noch einiges anderes. Auch die liturgischen Gewänder, Altartücher und ein paar alte Kerzenständer, gestiftet von ehemaligen Gemeindemitgliedern, waren gerettet worden. Normalerweise wurden die liturgischen Geräte in einem Tresor in der Sakristei aufbewahrt, deshalb hatte ich sie bislang auch kaum zu Gesicht bekommen – den Gottesdienst besuche ich nicht so oft –, aber der stand nun beschädigt, wenn auch im Boden verankert, in der zerstörten Sakristei. Und einen eigenen Tresor gab es hier im Pfarrhaus natürlich nicht. Pfarrer Schneider sah aus dem Fenster. Er konnte seinen Blick einfach nicht von der halb zerstörten Kirche abwenden. Mit versteinerter Miene starrte er die Trümmer an und seufzte dabei immer wieder auf. Schließlich zog er sich in sein Arbeitszimmer zurück. Anni brachte ihm noch eine Tasse Tee, dann saßen wir beide im Wohnzimmer. Als das Telefon klingelte, zuckten wir beide zusammen. Wenigstens funktionierte es wieder! Erleichtert nahm Anni ab.

„Ah, ein Reporter!", murmelte sie und begann ihm erst zögerlich, dann immer lebhafter die Ereignisse und deren Folgen zu schildern.

„Ja, eine Sammelaktion wäre gut!", freute sie sich. „Dann können wir das Dach und die Sakristei schnell reparieren lassen, und die Pietà kann wieder in die Kirche zurück!" Sie hörte ihrem Gesprächspartner aufmerksam zu, dann begann sie ihm aufzuzählen, was alles gerettet werden konnte.

„Ja, dem Herrn sei Dank!", beendete sie das Gespräch. Ich war schon halb eingeschlafen, deshalb bekam ich auch nur noch am Rande mit, dass mein Pfarrer mit dem Bischof telefonierte. Es ging, so weit konnte ich dem Gespräch noch folgen, darum, wo die wertvolleren Gegenstände bis zur vollständigen Wiederherstellung der Kirche aufbewahrt werden sollten.

„Hier im Pfarrhaus sind sie jedenfalls nicht sicher!", hörte ich den Pfarrer sagen. „Ja, schicken Sie morgen am besten einen Mitarbeiter, der sie abholt. Ich glaube, ich kann erst wieder aufatmen, wenn alles in Sicherheit ist!"

Zum Glück war ich wirklich viel zu müde, sonst hätte ich gleich wieder Angst bekommen, so aber rollte ich mich auf meinem Kissen zusammen, schlang den Schwanz um die Pfoten und schlief ein.

Als ich wieder aufwachte, war mir sofort klar, dass etwas nicht stimmte. Zwar war es noch immer stockdunkel und im ersten Moment hätte ich nicht einmal sagen können, was mich so erschreckte, denn alles schien ganz normal zu sein. Aber ich war durch ein Geräusch geweckt worden, das hier nicht hingehörte! Ich spitzte meine Ohren und lauschte. Da war es wieder! Vorsichtige, tastende Schritte in der Diele! Selbstverständlich kannte ich die Schritte des Pfarrers ebenso wie die von Anni, doch es war keiner der beiden, das war mir sofort klar. Mein Nackenfell stellte sich auf und ich konnte gerade noch ein Knurren zurückhalten. Mein Herz begann zu rasen, und meine Kehle wurde ganz trocken. Wer war das? Und vor allem: Was sollte ich jetzt nur tun? Offenbar war ein Fremder ins Haus eingedrungen, und da er sich in der Diele befand, schnitt er mir den Weg zu den Schlafzimmern des Pfarrers und Annis ab. Ich konnte sie weder warnen noch bei ihnen Schutz suchen, und ich muss gestehen, dass mir Letzteres äußerst ratsam erschien.

Unhörbar für menschliche Ohren verließ ich mein Kissen und schlich zur Tür. Falls der Eindringling das Wohnzimmer betreten sollte, konnte ich blitzschnell an ihm vorbeiflitzen, mit drei Sätzen die Diele durchqueren, die Treppe hinaufhuschen und wäre in Sicherheit. Gespannt starrte ich zur Tür. Da fiel ein schmaler Lichtstreifen unter dem Türspalt durch. Der Schein einer Taschenlampe! Nun war klar, das war kein Freund, der da durchs Haus schlich! Mein Herz tat einen Sprung, doch ich versuchte mich zu beruhigen. Als ich hörte, wie er vorsichtig die Türklinke hinunterdrückte, war ich sicher, jeden Moment vor Schreck zu erstarren. Nun hörte ich auch sein Atmen und konnte ihn riechen, eine Mischung aus Angstschweiß und Rasierwasser. Er öffnete vorsichtig die Tür zum Wohnzimmer, und ich stürmte kopflos zu der sich öffnenden Tür, um an dem Eindringling vorbeizusprinten. Aber wieder einmal, wie so oft, machte mir meine Ungeschicklichkeit einen Strich durch die Rechnung. Das nächste, was passierte, war, dass ich praktisch in ihn hineinrannte. Er trat mir mit voller Wucht auf den Schwanz, der ja durch den Feuerwehrmann schon leicht lädiert war. Mein Schmerzschrei, den ich nicht unterdrücken konnte, war so laut, dass sämtliche Operndiven der Welt dagegen geklungen hätten wie das Rascheln von Birkenblättern. Der Einbrecher stolperte erschrocken über seine eigenen Füße, ich sauste an ihm vorbei, während er sich wieder aufrappelte, etwas klapperte und krachte. Mir fiel etwas Hartes auf den Kopf, im Obergeschoss ging Licht an, und dann drehte sich der Eindringling um und rannte davon, durch die offene Haustür.

Als der Spuk vorbei war, besah ich mir die Schäden. Das Wichtigste: Mein Schwanz war noch dran und tat von Sekunde zu Sekunde weniger weh! Das Teil, das mir auf den Kopf gefallen war, war ganz offensichtlich ein Autoschlüssel, einer dieser hübschen, mit denen man per Knopfdruck die Türen entriegeln und die Alarmanlage betätigen konnte. Noch während ich benommen an meiner Schwanzspitze herumleckte, kamen der Pfarrer und Anni angestürzt. In Schlafanzug und Nachthemd. Der Pfarrer besah sich sofort die Eingangstür.
„Das war ein Einbruch!!", stellte er sachlich fest. Doch Anni hörte ihm nicht zu, besorgt beugte sie sich zu mir runter und strich mir zärtlich übers Köpfchen.

„Na, Goliath, hat dir der böse Mann was getan?"

Ich genoss ihre Streicheleinheiten und ihre Besorgnis. Und weil sie mich so nett liebkoste und sich um mich sorgte, stupste ich den Schlüssel in ihre Richtung. Eine Trophäe hatte ich ja vorzuweisen.

Derweilen stürmte der Pfarrer zum Telefon und informierte die Polizei. Die kam auch ziemlich schnell.

„Fehlt etwas?", wollte gleich der erste Uniformierte wissen.

„Nein, alles da! Er kam wohl nur bis in den Flur!", erklärte ihm Pfarrer Schneider.

„Bewahren Sie nicht die Wertgegenstände aus der Kirche hier auf?", fragte nun der zweite Polizist, der sich vorsichtig an mir vorbei geschlängelt hatte. Der Pfarrer nickte.

„Sie meinen, der Einbrecher war deswegen hier?"

Die beiden Beamten zuckten mit den Schultern und warfen sich einen vielsagenden Blick zu. Der ältere der beiden, ein leicht korpulenter Mittfünfziger, wandte sich an den Pfarrer.

„Hier ist noch nie eingebrochen worden, Herr Pfarrer!", stellte er klar. „Und fast alle haben mitgeholfen, die beschädigte Kirche zu räumen, inklusive Sakristei und Tresor! Und just ein paar Stunden später wird bei Ihnen eingebrochen? Das klingt mir nicht nach einem Zufall!"

Der Pfarrer wurde aschfahl. „Woher wusste der denn …?", stotterte er. „Oder glauben Sie, dass ein Gemeindemitglied dahintersteckt?"

Nun wurde mir ganz seltsam zumute! Ich lebte, so lange ich denken konnte, in dieser Gemeinde! Ich kannte alle, von Anfang an! Und einer von ihnen soll der Einbrecher gewesen sein? Das konnte ich einfach nicht glauben. Aufgeregt tigerte ich hin und her. Die Worte des Beamten gingen mir einfach nicht aus dem Kopf. Aber je länger ich darüber nachdachte, desto sicherer wurde ich mir, dass es niemand war, den ich kannte.

Plötzlich fiel Anni etwas ein. „Der Reporter!", rief sie.

„Wovon redest du?", fragte der Pfarrer.

„Ein Reporter hat hier angerufen, nachdem wir alles ins Haus gebracht hatten", berichtete sie.

„So? Davon hast du kein Wort gesagt!", meinte der Pfarrer.

„Ich habe es nicht für wichtig gehalten!", verteidigte sich Anni. „Jedenfalls sagte er, er sei ein Reporter des Tagblatts, und er wollte wissen, wie schlimm die Schäden an der Kirche waren. Da habe ich ihm erzählt, dass Kirche und Sakristei schwer beschädigt wurden, wir aber die wertvollsten Gegenstände retten konnten. Er fragte mich, ob wir sie auch sicher verwahrt hätten, und ich – ich habe ihm gesagt, im Pfarrhaus wären sie sicher!" Jetzt schluchzte sie, als ihr aufging, dass sie damit den Einbrecher quasi ins Pfarrhaus eingeladen hatte. Der Pfarrer runzelte die Stirn.

„Na ja, immerhin haben wir ja das hier!" Der ältere Uniformierte griff nach meiner Trophäe und ging nach draußen. Sein Kollege und der Pfarrer folgten ihm, also schlossen Anna und ich uns an. Mit einer sicheren Bewegung drückte der Beamte auf den kleinen Knopf und siehe da, ein Kleinbus, der in der Nähe geparkt war, begann zu blinken. „Haben wir dich", sagte der Polizist und machte sich daran, das Wageninnere zu inspizieren. Der Rest ist Kriminalgeschichte, in anderen Worten, die Spurensicherung nahm sich des Wagens an, während die Fahndung nach dem Halter des Kleinbusses anlief.

Den Rest der Nacht verbrachte ich jedenfalls sicherheitshalber auf dem Sessel in Annis Schlafzimmer. Die Haustür war provisorisch repariert worden, sodass wir noch
etwas Ruhe fanden.

Am nächsten Tag kamen die beiden Beamten noch einmal, um uns stolz zu berichten, dass sie den Einbrecher
gefasst hatten und er geständig war. Ein vorbestrafter
Dieb hatte von dem Schaden an der Kirche gehört und
wollte seine Chance nutzen.

„Pech nur, dass Ihr Kater Alarm geschlagen und damit den
Diebstahl verhindert hat", beendete der Beamte seine
Ausführungen und lächelte mich an. „Dadurch muss der
Einbrecher so erschrocken sein, dass er den Autoschlüs-
sel fallen ließ und uns damit die Arbeit leicht machte."
Er beugte sich über den Tisch und kraulte mir den Kopf.

„Und hübsch ist er außerdem", sagte er. „Wirklich ein
himmlischer Kater!"

Klar, er wusste ja nicht, dass ich die Ungeschicklichkeit in
Person war. Jedenfalls normalerweise …

Francesca, die Papstkatze

Fünf Jahre war es nun schon wieder her, dass die Welt wegen dieser Zweitausend-Sache Kopf gestanden hatte. Was war das für eine Aufregung! Als würde die Welt untergehen, was selbstverständlich nicht geschah, ja, sie hatte nicht einmal einen Knacks bekommen! Damals zumindest nicht, aber nun sah es so aus, als würde meine kleine, heile Welt aufgemischt werden. Dabei hatte ich mich längst an die ruhige Routine gewöhnt. Was das betraf, war ich eben doch eine echte römische Katze mit einem gewissen Hang zur Bequemlichkeit. Wir wohnten in der Piazza della Città Leonina. Wir, das waren ich, mein Kardinal und Antonella, die ihm den Haushalt führt. Und dann war da noch Conrad, der persönliche Sekretär meines Kardinals, der bei uns ein und aus ging. Mein Kardinal arbeitete zu viel, auch wenn er das Unterrichten langsam eingestellt hatte und schon seit drei Jahren immer mal wieder etwas von „Pension" erzählte. Leider war ich bis heute nicht so recht dahintergekommen, was er damit genau meinte.
Heute war Großputztag, was nichts anderes bedeutete, als dass es mit meiner Ruhe zunächst vorbei war. Während Antonella mit ihrem Ungetüm von Staubsauger durch die Wohnung zog, kam ich kaum zum Dösen oder gar Nachdenken, ich war vielmehr mit Flucht beschäftigt. Oh, war dieses Monster laut! Ich flüchtete auf die Terrasse, hier lag kein Teppichboden, also würde sie mir hier mit dem Ungeheuer vom Leib bleiben. Es gab kaum etwas, das ich mehr hasste als Lärm. Nun kam Antonella

tatsächlich mit diesem Staubsauger in meine Richtung! Ja, was wollte sie denn hier saugen?

„Husch, rein, Francesca, sonst platzt dir noch das Trommelfell!", schmetterte sie „Ich will die Polster absaugen! Du hinterlässt schließlich überall deine Haare! Und auf den schwarzen Gewändern der Eminenzen sieht das gar nicht gut aus!"

Antonella kannte kein Erbarmen und kam immer näher. Also tat ich das einzig Richtige: Ich fauchte den doofen Staubsauger böse an, dann machte ich, dass ich wegkam. Auf meiner Flucht stolperte ich über die Hauspantoffeln meines Kardinals. Dass er bei dem Krach nicht mehr schlafen würde, hätte ich mir ja denken können, doch dass er schon weg war? Seit es dem Heiligen Vater gesundheitlich immer schlechter ging, wurde unsere Routine ganz schön auf den Kopf gestellt. Es war noch nicht einmal halb neun und er war bereits unterwegs! Oder war er gestern Abend gar nicht heimgekommen? Sicherheitshalber sah ich im Arbeitszimmer nach – nein, dort saß er auch nicht. Er war also wirklich schon weg.

Plötzlich schaltete Antonella die Lärmmaschine ab und ging ans Telefon. Wie sie das hatte klingeln hören, war mir ein Rätsel. „Nein, er ist beim Morgengrauen schon wieder los!", hörte ich sie sagen. Ihre Stimme klang traurig und belegt, hatte sie geweint? Und mit wem telefonierte sie eigentlich? Ich lief zielstrebig zu ihr hinüber und strich ihr demonstrativ um die Beine. Sie sollte auf mich aufmerksam werden, schließlich war ich neugierig! Und richtig, es klappte! Während sie mit der rechten Hand den Telefonhörer hielt, streichelte sie mich sanft mit der linken. „Ja, Francesca, gleich gibt's Futter!", flüsterte sie mir zu.

Sie telefonierte weiter, und nach einer Weile konnte ich mir denken, mit wem sie sprach. Mit Georg, dem Bruder meines Kardinals. Antonella hörte Georg noch eine Weile zu, während ihr Gesicht einen Ausdruck von Besorgnis annahm. Sie seufzte zwischendurch mehrfach, offensichtlich hatten sie kein leichtes Thema zu besprechen. Zu blöd, dass ich nicht verstand, was Georg sagte.

„Natürlich halte ich Sie auf dem Laufenden!", versprach Antonella ihm am Ende, was meine Neugier nur noch mehr anstachelte. Worüber wollte sie ihn auf dem Laufenden halten? Meine Güte, warum tat sie heute so geheimnisvoll? So was konnte ich gar nicht leiden. Ich umschmeichelte sie weiter, schließlich kannte ich sie gut genug. Als Katze musste man immer zu gewissen Tricks greifen, man kann seine Menschen ja nicht einfach fragen, wenn man was wissen will. So gern ich das auch getan hätte. Zum Glück gehörte Antonella wenigstens zu den Menschen, die mit uns Tieren redeten, als wenn sie ihresgleichen vor sich hätten. Und Antonella redete gern, am liebsten den ganzen Tag lang. Im Gegensatz zu ihren Bekannten und zu Conrad widersprach ich ihr nie! Dazu kam: Sie war kein Geheimniskrämer, sie konnte schlichtweg gar nichts vor mir verbergen! Mein Verhältnis zu Antonella hätte nicht besser sein können. Und ich behielt recht, noch während sie mir etwas Sahne in mein Futterschälchen füllte, begann sie zu erzählen.

„Ach, Francesca, unserem Heiligen Vater geht es wirklich schlecht!", berichtete sie mir und tupfte sich eine Träne aus dem Auge. Ihre Stimme klang sehr besorgt. „Seine Krankheit schreitet immer weiter voran. Bewundernswert, wie er dagegen ankämpft! Er macht so vielen Menschen

Mut damit! Doch eigentlich geht das alles über seine Kraft! Ich will gar nicht daran denken, wie das noch enden wird!" Der letzte Satz war vor lauter Schluchzen kaum zu verstehen. Sie war furchtbar unglücklich und besorgt.

Ein paar Tage später spürte ich es auch bei meinem Kardinal ganz deutlich: Auch er war beunruhigt. Hier ging irgendetwas vor, von dem ich noch nichts wusste, also ging ich der Sache auf den Grund. Schnell stellte ich fest, dass Antonella fast stündlich die Nachrichten hörte, insbesondere wenn vom Heiligen Vater berichtet wurde, drehte sie lauter. Der Gesundheitszustand des Heiligen Vaters war sicher wichtig und so besonders gut ging es ihm ja schon länger nicht mehr, aber so besorgt war sonst niemand deshalb gewesen. Irgendetwas hatte sich verändert. Ich drückte mich den lieben langen Tag bei Antonella herum. „Wir werden alle älter!", hörte ich meinen Kardinal zu Antonella in dem Zusammenhang sagen. Ich guckte ihn mir ganz genau an. Ja, auch in seinem Gesicht tat sich etwas: Seine Fältchen um die Augen herum wurden tiefer. Überhaupt sprach er in letzter Zeit immer öfter vom Älterwerden und machte mir damit regelrecht Angst. Schon weil in dem Zusammenhang oft von Pensionierung geredet wurde und ich mir darunter nichts vorstellen konnte.
„Nun ja, eigentlich wollte ich ja schon vor drei Jahren in den Ruhestand gehen, aber seine Heiligkeit hat meine Bitte rundweg abgelehnt!", seufzte mein Kardinal in einem Gespräch mit Antonella. „So langsam merke ich es auch in den Knochen."
Die beiden plauderten noch eine ganze Weile, während meine Gedanken abschweiften. Was war das: Ruhestand? Und

vor allem: Wo fand das statt? Hier oder woanders? Irgendwie war ich innerlich alarmiert. Andererseits, der Heilige Vater, ob krank oder nicht, hatte diesen Ruhestand ja abgelehnt, also brauchte ich mir wohl keine Sorgen zu machen!

Der Besuch von Georg war dann endlich mal wieder eine willkommene Abwechslung. Diese angespannten Gesichter überall deprimierten mich schon langsam. Doch auch Georg war alles andere als gut gelaunt, immerhin brachte er mir eine Wollmaus mit und warf sie auch quer durch die Wohnung, bevor er sich mit meinem Kardinal zu einem Gespräch zurückzog. Da sie die Tür hinter sich geschlossen hatten, musste ich draußen bleiben.

Am Abend tafelte Antonella auf, was Herd und Kühlschrank hergaben. Sie liebte es zu kochen und zu braten und vergaß nie, wer was besonders gern mochte. Mich und meine Vorlieben natürlich auch nicht.

„Na, mein Schatz, magst du noch ein bisschen Geflügelleber?" Ich miaute begeistert. Dieser Abend versprach spannend zu werden, also schlich ich um die drei herum und spitzte die Ohren.

„Wenn der Heilige Vater Sie in Pension gehen lässt, Eminenz, werden Sie dann nach Bayern zurückkehren?" Conrad hatte die Frage fast schon schüchtern gestellt. Ich sah ihn mir genau an. Sein ehemals schwarzes, dichtes Haar war an den Seiten bereits ergraut, so ganz jung konnte er also auch nicht mehr sein. Und nun griff ausgerechnet er dieses leidige Thema wieder auf! Dabei hatte der Abend so schön begonnen.

„Das hatte ich wirklich überlegt!", gab mein Kardinal ihm zur Antwort und griff nach seinem Orangensaft. „Das Haus in Pentling wartet ja geradezu auf mich. Dennoch", er sah

seinen Bruder Georg lächelnd an, „mag ich die Vorstellung nicht, meine Bibliothek noch einmal über die Alpen schleppen und drüben wieder aufbauen zu müssen. Und mal davon abgesehen, würde ich die Bücher dort auch gar nicht alle unterkriegen, so viel Platz gibt es da gar nicht!"
Die Herren lachten. Ich grübelte. Wollte er nun oder wollte er nicht? Und wenn er wollte, würde er mich dann mitnehmen? Pentling? Dorthin fuhr er gelegentlich, wenn er Georg besuchte. Unruhig strich ich ihm um die Füße. Das waren sehr beunruhigende Neuigkeiten!
Doch auch diese wurden in den folgenden Wochen gegenstandslos. Mein Kardinal war ständig auf Achse, denn unserem Heiligen Vater ging es nach wie vor schlecht. Trotzdem ließ mein Kardinal nicht nach in seinen Bemühungen, für uns alle da zu sein. Für seine Mitarbeiter in der Glaubenskongregation war er trotz der Mehrbelastung durch seine vielen Besuche im Apostolischen Palast immer ansprechbar, selbst für Antonella und mich nahm er sich Zeit. Nur für sich selbst blieb da nicht mehr viel. Dass das nicht gut für ihn war, lag auf der Hand. Also versuchte ich mit List und Tücke, meinen Kardinal wenigstens ab und zu mal abzulenken. Ich hüpfte aufs Klavier und versuchte ihn so zu locken.
„Jetzt nicht, Francesca!", wiegelte er jedoch dieses Mal ab. Da wusste ich, die Situation war wirklich sehr ernst.
Wie ernst es war, wurde Ende Februar klar. „Der Heilige Vater musste erneut ins Krankenhaus eingeliefert werden, ich denke, dass der Kardinal heute wohl nicht zum Abendessen nach Hause kommen wird!" Conrad sah bedrückt aus und musste auch gleich wieder los. Schade, ich hatte gehofft, mit ihm spielen zu können.

Das mit dem Krankenhaus hatten wir schon Anfang des Monats hinter uns, trotzdem verschlug es Antonella vor Schreck die Sprache. Ich versuchte, niemandem zwischen die Füße zu kommen, denn die Lage besserte sich in den nächsten Tagen keineswegs. Mein Kardinal war praktisch nur noch zum Umziehen daheim. Die Schatten unter seinen Augen wurden dunkler und ich begann mich ernsthaft zu sorgen. Antonella war völlig verzweifelt, vor allem, als sie erfuhr, dass man beim Heiligen Vater einen Luftröhrenschnitt durchführen musste. Der Arzt, der das in den Nachrichten erklärte, war nicht zimperlich und Antonella weinte danach eine ganze Weile. Da half es auch gar nichts, wenn ich versuchte, sie zu trösten. Wäre ich eine freilaufende Katze, hätte ich selbst auf dem Petersplatz nachsehen können, was da eigentlich los war, aber so sah ich die vielen Menschen nur im Fernsehen und staunte. Dass die wirklich alle ganz bei uns in der Nähe auf dem riesigen Petersplatz für unseren Heiligen Vater beteten, konnte ich mir kaum vorstellen. Ich versuchte, von der Terrasse aus etwas zu erspähen, doch auch dort war eigentlich alles wie immer. Wenn mein Kardinal doch einmal nach Hause kam, beschmuste ich ihn sofort und ausgiebig. Schließlich wusste ich ja nie, wie lange er bleiben konnte.

„Ach, Francesca!", seufzte er, als ich mit einem Satz auf seinen Schoß sprang. Er legte seine Hand auf meinen Kopf und ich schnurrte vor Begeisterung. Dass ihm das auch gefiel, sah ich deutlich. Seine Augen lächelten endlich einmal wieder, zumindest ein kleines bisschen. Diese Momente waren wirklich selten geworfen. Am liebsten hätte ich ihn ja gefragt, wie das nun mit dieser Pensionierungsgeschichte weitergehen sollte, würden wir umziehen oder nicht, aber ich hatte den Eindruck, als ob das gerade nicht so wichtig war. Der Heilige Vater ging vor.

Es wurde März, bis sich die Situation einigermaßen entspannte, denn so lange blieb unser Heiliger Vater im Krankenhaus. Und als er dann endlich wieder in seinen Vatikan nach Hause durfte, konnte er nicht mehr reden, das erzählte zumindest mein Kardinal der entsetzten Antonella.

„Aber die Osterfeierlichkeiten!", flüsterte Antonella. Mein Kardinal schenkte ihr ein aufmunterndes Lächeln. „Auch dafür werden wir eine Lösung finden!", versprach er.

Als tiefgläubige Frau ging unserer Antonella das Schicksal des Papstes ziemlich nahe. Ebenso wie mein Kardinal eben mein Kardinal war, war der Heilige Vater ihr Papst. Und ich gönnte ihn ihr auch von Herzen. Deshalb litt sie mit ihm. Und setzte sich sogar über ihre eigenen Prinzipien hinweg, denn normalerweise war es überhaupt nicht ihr Ding, sich zu den Menschenmassen auf dem Petersplatz zu gesellen.

„Ich kann das viel bequemer hier im Fernsehen anschauen!", war ihr Lieblingsspruch. Doch nun hielt sie nichts mehr in der Wohnung. „Ich muss da einfach hin, mach also keine Dummheiten, wenn du ausnahmsweise mal hier ganz allein bist!", verwarnte sie mich. Ich hatte gar kein Interesse daran, die Wohnung auseinanderzunehmen, und umgeworfen hatte ich auch schon lange nichts mehr, deshalb zog ich mich einigermaßen beleidigt auf die Terrasse zurück. Als Antonella zurückkam, war sie fix und fertig.

„Nichts zu erfahren!", stöhnte sie. Notgedrungen warteten wir gemeinsam auf meinen Kardinal, doch auch der kam nicht mit guten Neuigkeiten nach Hause.

„Vielleicht kann er sich morgen oder übermorgen den Gläubigen noch einmal zeigen!", sagte er. Seine Stimme klang allerdings alles andere als hoffnungsvoll. Trotzdem ging Antonella am nächsten Tag wieder auf den Petersplatz. Und am übernächsten auch.

„Er stand am Fenster, Francesca! Und er war nur noch ein Schatten seiner selbst! Man würde ihm fast wünschen …"

Sie sprach den Gedanken nicht aus. Auch wenn sie sich ihre Worte verbieten konnte, mit ihren Tränen gelang es ihr nicht. Oh je, so unglücklich hatte ich sie ja noch nie gesehen!

Doch es wurde noch schlimmer. „Die Osterfeierlichkeiten werden ohne den Heiligen Vater stattfinden", hörte ich meinen Kardinal zu Antonella sagen, was ihr wieder die Tränen in die Augen trieb. „Wenn es geht, wird er per Video zugeschaltet."

Sie nickte stumm, mein Kardinal ebenfalls, dann machte er sich wieder auf an seinen Schreibtisch. Selbst Conrad hatte kaum Lust, mit mir durch die Wohnung zu tollen, Wollknäuel zu werfen oder sich von mir beschmusen zu lassen. Er war abgelenkt, wie alle anderen auch.

Ostern wurde dieses Jahr für Antonella zum mentalen Desaster, denn der Heilige Vater war in der Tat so krank, dass er sich den Gläubigen nicht zeigen konnte.

„Ich gehe nicht mehr auf den Petersplatz!", erklärte sie mir am Ostersonntag. Mein Kardinal war natürlich von Amts wegen unterwegs, deshalb waren wir allein zu Haus. „Er stand schwach am Fenster, nur kurz, um uns stumm den Segen zu erteilen! Ohne seine Stimme ist Ostern doch nicht dasselbe …"

Nun ja, das konnte ich selbstverständlich nicht beurteilen, stupste sie aber mit meinem Kopf freundlich an, als Geste dafür, dass ich gern für sie da war.

„Ja, Francesca, du verstehst mich!", interpretierte sie mein Verhalten und füllte mir ein Schälchen mit meiner Lieblingsspeise: Geflügelleber! Wir speisten zusammen und erwarteten unseren Kardinal nicht vor dem Abend. Als er endlich kam und Antonella ihn kulinarisch verwöhnen wollte, wiegelte er ab. „Tut mir leid, ich habe keinen Appetit!" Nun war ich höchst beunruhigt. Ich sprang aufs Klavier, um ihn zum Spielen zu locken, als das nicht klappte, umschmeichelte ich seine Füße, damit er mich auf den Arm nahm. Auch erfolglos. Ich tigerte eine Weile ziellos durch das Arbeitszimmer, doch er nahm keine Notiz von mir, so sehr war er in seine Gedanken vertieft. Also fasste ich einen Plan: Ich sprang direkt auf seinen Schreibtisch. Auf seinen Schoß war ich früher schon gesprungen, aufs Klavier sowieso, aber niemals auf den Schreibtisch. Der war normalerweise tabu. Aber in diesen Zeiten war eh nichts mehr normal.

„Na, du willst mich wohl mit allen Mitteln ablenken!", versuchte mein Kardinal ein Lächeln. „Weißt, Francesca, ich bin müde. Es geht zu Ende, das weiß jeder, auch wenn es manche nicht wahrhaben wollen!" Er sah mich an und doch wieder nicht, fast war es, als würde er durch mich hindurchsehen. Ich fixierte ihn mit meinen grünen Augen. Dann sprach er weiter.

„Es kann nicht mehr lange dauern, Francesca, dann gehen wir in Pension. Wir beide. Die Allerjüngste bist du ja nun auch nicht mehr! Und von mir wollen wir besser schweigen!"

Was wollte er denn damit sagen? Sollte ich nun beleidigt sein? Ich entschied mich dagegen und leckte lieber seine Hand, die vor mir auf der Tischplatte ruhte. Diese besondere Aufmerksamkeit ließ ich ihm nur selten zuteilwerden. Es war längst nach Mitternacht, normalerweise lag mein Kardinal um die Zeit auch schon im Bett. Aber wie gesagt, nichts war mehr normal in diesem Haus.

Noch im Morgengrauen wurde mein Kardinal weggerufen, während mir dieses Wort „Pension" nicht mehr aus dem Kopf ging. Was hatte er damit gemeint? Er wollte doch nicht irgendwohin gehen? Andererseits, er hatte wir gesagt! Und das schloss mich mit ein, entschied ich. Antonella schien sich indes keine Sorgen über diese Pension zu machen, vielleicht wollte mein Kardinal sie auch mitnehmen, überlegte ich. Zogen wir dann alle zusammen zu Georg in dieses Haus, das nicht genug Platz für seine Bücher hatte? Eine merkwürdige Vorstellung!

Mitten in meine Überlegungen platzte die Nachricht vom Tod des Heiligen Vaters. Antonella hatte den Fernseher seit Ostern nicht mehr abgeschaltet, mein Kardinal war rund um die Uhr unterwegs, aber so ging es ja bei ihm schon seit Wochen zu. Dass es am Ende dann doch so schnell ging, kam zumindest für mich überraschend, wenngleich die Menschen um mich herum das anders sahen.

„Seine Krankheit hat es ihm nicht leicht gemacht!", hörte ich Conrad sagen. Er wich, wenn er konnte, meinem Kardinal keine Minute mehr von der Seite. Immerhin hatte er dieses Mal an ein Spielzeug für mich gedacht: einen Karton. Ich liebte es, mich dahinein zu setzen, und manchmal machte er sich den Spaß und schleppte mich darin durch die Wohnung. Ja, wenn er gut drauf war, war unser Conrad richtig lustig.

„Du hast mich ganz schön im Griff, Francesca!", gab er auch unumwunden zu und kraulte mich. So auch an diesem Tag, wenngleich er unter diesen Umständen nicht gerade besonders lustig war.

Antonella nahm den Tod ihres geliebten Papstes sehr schwer. „Es gibt niemanden, der ihn auch nur annähernd ersetzen kann!", stöhnte sie. „Ich muss mich anziehen, Francesca, ich muss ihn noch einmal sehen. Sie haben ihn aufgebahrt. Das bin ich ihm schuldig!"

Ich verzog mich auf die Terrasse. Himmel und Menschen in Rom. Wenn der Nachrichtensprecher recht hatte, war die halbe Welt gerade im Begriff, in unsere Stadt einzufallen. Nichts und niemand brachte mich da auf die Straße!

Sechs Tage später fanden auf dem Petersplatz die Trauerfeierlichkeiten für den Heiligen Vater statt. Und mein Kardinal musste sie leiten, deshalb hatte er in den letzten Tagen und Wochen so viel zu tun gehabt, wurde mir schlagartig klar. Oh je, mein armer Kardinal! Ob diese Last nicht zu viel war?

„Dafür ist traditionell der Dekan des Kardinalskollegiums verantwortlich!", klärte der Nachrichtensprecher aus dem Fernsehen Antonella und mich auf. Sie schien inzwischen an dem Fernsehsessel festgewachsen zu sein, denn sie bewegte sich nicht mehr davon weg. Von dem graumelierten Herren im schwarzen Anzug erfuhren wir auch, dass unglaubliche dreieinhalb Millionen Pilger extra dafür nach Rom gekommen waren.

„Es ist eine der größten Begräbnisfeiern in der Geschichte des Christentums!", betonte der Mann im Fernsehen immer wieder, während ich meinen Blick nicht von meinem Kardinal abwenden konnte. Trotz allem, was er in den letzten Wochen geleistet hatte, sah er ziemlich gut aus. In seinem roten Gewand zelebrierte er die Messe und wirkte dabei nicht einmal angespannt. Anders als Antonella, die sich ständig Luft zufächerte, weil sie kurz vor dem Kollaps stand. Ich war zumindest in Gedanken bei meinem Kardinal, der andere Teil meiner Gedanken beschäftigte sich nun mit der Zukunft. Pension, so reimte ich mir zusammen, konnte ja eigentlich nur ein anderes Wort für Umzug sein. Was sollte es sonst bedeuten? Aber wenn mein Kardinal nun hoffte, dass diese Pension näherkommen würde, hieß das, dass wir umziehen würden? Und wenn ja, wohin? Mussten wir vielleicht schon anfangen zu packen oder war es dafür noch zu früh? Nicht, dass ich nun viele Sachen besessen hätte, aber ich überlegte schon, welche Kuscheldecke ich am liebsten hatte und wie ich dafür sorgen konnte, dass man diese Dinge nicht in dem ganzen Durcheinander, das zweifellos ausbrechen würde, wenn Antonella anfing zu packen, vergaß.

Eigentlich rechnete ich gar nicht damit, dass mein Kardinal an diesem Tag nach Hause kam. Doch er kam. Wenngleich spät. Antonella verließ ihren Platz vor dem Bildschirm, wo indes eine Reportage die nächste jagte, und wirbelte in der Küche herum.

„Nein, Eminenz, Sie müssen essen!", befand sie und tafelte auf, obwohl mein Kardinal wenig Appetit hatte. Das sah ich ihm an der Nasenspitze an.

„Aber Antonella, wollen Sie ernsthaft, dass ich platze, noch bevor ich in Pension gehen kann?"

„Ach, Eminenz, Sie wollen sich wirklich zur Ruhe setzen? Das kann ich ja kaum glauben! Aber Sie bleiben in Rom, oder?"

Gespannt starrte ich meinen Kardinal an. Kam jetzt endlich die Lösung? Hieß Pension vielleicht gar nicht Umzug?

„Ach, eigentlich habe ich schon Sehnsucht nach der alten Heimat, aber Rom ist mir in den vierundzwanzig Jahren, in denen ich jetzt hier lebe, auch sehr ans Herz gewachsen. Ich glaube, ein Teil von mir ist auch hier zu Hause. Aber ich werde in jedem Fall Georg ausgiebig besuchen! Und vielleicht aufs Land ziehen, wer weiß? Ich sehne mich jedenfalls nach ein bisschen mehr Ruhe und etwas weniger Arbeit!"

Kein Wunder, stellte ich fest, was in den letzten Wochen aber auch alles an ihm hängengeblieben war! Ich jedenfalls gönnte ihm alle Ruhe der Welt. Und ich entspannte mich praktisch sofort. Nein, mir stand wohl kein Umzug bevor. Ich musste mich auch nicht allein in einem fremden Land durchschlagen, wenn mein Kardinal nun demnächst in Pension ging. Er wollte bloß weniger arbeiten, das war alles! Und schlimm war das nun weiß Gott nicht! Doch vorher, so erfuhr ich, musste er erst noch mithelfen, einen neuen Papst zu wählen.

„Wenn das Konklave vorbei ist, dann spiele ich dir auch wieder Mozart vor!", versprach mein Kardinal, als er aufbrach, um seine Pflicht zu erfüllen, und strich mir liebevoll über den Kopf. „Dann habe ich auch endlich wieder mehr Zeit für dich!"

Ich sah ihm nach. Und wagte mich dazu sogar bis vor die Wohnungstür. Na, das waren doch Aussichten! Ja, ich freute mich. Auf die Zeit nach dieser Papstwahl. Denn dann, so frohlockte ich, würde mein Kardinal endlich wieder mir gehören!

Antonella rutschte ganz aufgeregt in ihrem Lieblingssessel hin und her. Nein, sie war doch noch nicht festgewachsen, stellte ich fast schon erleichtert fest. Ich hatte mich zu ihr vor den Fernseher verzogen, weil erstens niemand anders daheim war und es zweitens draußen regnete, da war es mir auf der Terrasse zu ungemütlich. Es war Tage her, seitdem wir meinen Kardinal das letzte Mal gesehen hatten. Dass sie ihn zu dieser Wahl wirklich einsperren würden, hatte mir natürlich niemand gesagt! Einsperren! Meinen Kardinal! Ich war erschüttert! Antonella und ich warteten seitdem also wie Millionen von Menschen vor dem Bildschirm auf ein Zeichen. Ich auf eines von meinem Kardinal, sie und die anderen vor dem Fernseher auf ein anderes.
„Was soll das nur sein?", brummte Antonella. „Man kann ja gar nichts erkennen!", beschwerte sie sich und starrte auf die Rauchwolke, die aus dem Schornstein stieg, den das Fernsehbild in Großaufnahme zeigte. „Was soll denn das nun sein?", ärgerte sie sich. „Welche Farbe ist das denn nun? Weiß oder schwarz?" Sie stand auf, vielleicht weil sie hoffte, dass eine andere Perspektive ihr mehr Klarheit verschaffen würde, umsonst. Also setzte sie sich wieder. Wenn sie mich gefragt hätte, ich hätte grau gesagt, aber sie fragte mich ja nicht. Dann wurde es plötzlich hektisch auf dem Bildschirm. Menschen jubelten, die Sprecher rätselten weiter, einer sagte Weiß, der andere Schwarz, am Ende einigte man sich auf Weiß. Warum man um ein bisschen Qualm so ein Gewese machte,

blieb mir ein Rätsel. Doch Antonella schien das Ergebnis der Diskussion zu beruhigen. Sie hob mich hoch und kraulte mich selig.

„Weißt du, Francesca, die Farbe des Rauches sagt uns, ob die Kardinäle einen neuen Papst gewählt haben oder nicht!", klärte sie mich auf. „Und weißer Rauch heißt: ja!" Na, das war doch endlich mal eine Ansage! Als sich die Türen auf dem Balkon des Apostolischen Palastes öffneten und drei Männer heraustraten, setzte sie mich auf den Boden und starrte gespannt auf den Bildschirm. Durch unsere offene Terrassentür konnten wir den frenetischen Beifall, mit dem sie gefeiert wurden, sogar hören. Der Mann in der Mitte sah besonders prächtig aus. War er der neue Papst? Und vor allem: Kam mein Kardinal nun endlich nach Hause? Ich konnte es gar nicht mehr abwarten, ihn wiederzusehen. Antonella hielt fast die Luft an, als der Mann nach einer Weile feierlich verkündete:

„Liebe Brüder und Schwestern, ich verkünde euch große Freude. Wir haben einen Papst: Seine Eminenz, den hochwürdigsten Herrn Josef, der Heiligen Römischen Kirche Kardinal Ratzinger, welcher sich den Namen Benedikt XVI. gegeben hat!"

Was sollte das denn heißen? Ich guckte Antonella an, doch mit der passierte nun Erstaunliches. Sie öffnete den Mund, blieb aber stumm, dann sprang sie plötzlich auf und griff sich an die Brust. Gefiel ihr nicht, was der Mann da gerade verkündet hatte? Sie sah regelrecht schockiert aus.

„Heilige Mutter Gottes, Himmel, ach, so was aber auch …", seufzte und stöhnte sie, während ich instinktiv in Deckung ging. Was um alles in der Welt hatte dieser Mann da eben nur gesagt? Doch weder Antonella noch der Mann im

Fernsehen waren zu weiteren Erklärungen bereit. Die Menschen jubelten. Und wie! Dann passierte erst einmal eine Zeit lang gar nichts auf dem Bildschirm, draußen jubelten die Leute immer noch und dann ging es los: das Telefon!

„Ja, ich habe es gesehen. Und gehört, ja, also, ich weiß nicht …" Antonella sauste hektisch mit dem Telefon in der Hand wieder zu mir vor den Bildschirm. Um ja nichts zu verpassen, drückte sie einfach die Aus-Taste am Telefon. Als sie ihren Irrtum bemerkte, war es zu spät, es klingelte erneut, während sich auf dem Petersplatz vorläufig nichts weiter tat, außer dass die Leute sich wie verrückt freuten.

„Nein, in dem Alter? Ich? Damit gerechnet? Aber wo denken Sie hin …" Antonella verfiel fast in eine Schnappatmung und beendete ihr Gespräch schon Sekunden später. Als das Telefon nun erneut schellte und sich die Balkontüren gleichzeitig auf dem Bildschirm zu öffnen begannen, schaltete sie das Telefon aus.

„Sieh genau hin, Francesca!", verlangte sie und drehte den Ton weiter auf, was insofern unsinnig war, als dass niemand wirklich etwas sagte. Dafür hörten wir die Menschen nun noch lauter jubeln. Während Antonella wie gebannt auf den Bildschirm starrte, verfolgte ich das Treiben eher gelangweilt. Mein Magen knurrte. So langsam könnten sie sich mal beeilen, sonst würde das heute nichts mehr mit meinem Abendessen werden.

Dann geschah es! In Begleitung vieler rotgewandeter Herren im vorgerückten Alter betrat ein ganz in Weiß gekleideter Mann unter frenetischem Beifall den Balkon. Um den Hals trug er eine Art Schal, der golden schimmerte. Doch das war es nicht, was mich so überraschte. Der Mann, der dort stand, war mein Kardinal! Und er lächelte! Die Menschen waren nun nicht mehr zu halten. Antonella schossen die Tränen in die Augen und sie schnappte nach Luft, während mir mein Instinkt sagte, dass das alles gar nicht gut war und ich sicher keinen wirklichen Grund zur Freude hatte. Mein Kardinal jedoch strahlte weiter. Die Anstrengungen und Sorgen der letzten Wochen und Monate schienen wie aus seinem Gesicht weggelöscht, musste ich zugeben. Er lächelte und ließ seinen Blick über die Menge schweifen. Ob er ahnte, dass ich hier saß und zusah? Entspannt ergriff er das Wort und fasziniert lauschten Antonella und ich seiner Stimme. Auch als er längst fertig und wieder hinter den Balkontüren verschwunden war, saß Antonella noch wie angewurzelt in ihrem Sessel. Den Finger fest am Aus-Knopf des Telefons.

„Heilige Mutter, Francesca, das ist vielleicht eine Aufgabe für unseren Kardinal. Oh!" Sie hielt sich erschrocken die Hand vor den Mund. „Wie muss ich ihn denn nun nennen? Heiliger Vater? Papst? Oder reicht Eminenz?" Sie guckte nun ausgerechnet mich an! Als ob ich ihr da hätte irgendwie helfen können. Konnte ich nicht, stattdessen verdaute ich das eben Gehörte. Mein Kardinal war der neue Heilige Vater? Was sollte das denn heißen? Wir wollten doch in Pension gehen! Jetzt, wo ich wusste, dass er mich in diese Pension mitnehmen wollte, hatte ich mich gerade an die Vorstellung gewöhnt.

„Dieser Tag, Francesca, wird in die Geschichte eingehen!", dozierte Antonella nun. „Stell dir mal vor: Ich arbeite für den Heiligen Vater! Und du erst! Es ist nicht zu fassen!" Nein, das war es wirklich nicht.

Der Kater auf der Orgelbank

Mein Stubentiger Theo und ich pflegen seit fünf Jahren eine ganz besondere Beziehung. Zugelaufen ist er mir, als ich die Abwesenheit meiner Eltern, bei denen ich damals noch wohnte, ausnutzend, abends bei geöffneter Terrassentür Klavier übte. Erst hörte ich es draußen tapsen, dann schnurrte etwas zur Musik mit. Hörte ich auf zu spielen, hörte auch das Schnurren auf; fing ich wieder an, setzte es auch wieder ein. Es dauerte eine Weile, bis ich begriff, dass es der kleine gescheckte Kater war, der da gerade seine musikalische Ader entdeckt hatte. Von Stund an wich er nicht mehr von meiner Seite, selbst als ich vor zwei Jahren auszog, um an der Universität Musik zu studieren, nahm ich ihn mit. Nie wäre er ohne mich zurückgeblieben! Und inzwischen konnte ich mir mein Leben ohne Theo auch gar nicht mehr vorstellen, selbst wenn es einige in meinem Alter gab, die es äußerst uncool fanden, wenn ein Dreiundzwanzigjähriger sein Herz an einen Kater hängt.

Schon seit meiner Kindheit singe ich auch im Kirchenchor, und als ich mich entschied, Organist zu werden, war es selbstverständlich, dass ich dem Chor auch weiterhin zur Verfügung stand, natürlich auch während des Studiums. Bei Auftritten sang ich im Tenor mit, aber bei den Proben begleitete ich den Chor meist am Klavier. Ehrensache, dass Theo mich zu allen anstehenden Proben begleitete. Normalerweise hatte unsere Kantorin, Frau Barnhofer, auch nichts dagegen, wenn Theo es sich in der ersten Reihe gemütlich machte und sachte im Takt mitschnurrte, auch wenn sie allgemein als schwieriger Charakter galt. Aber an diesem Samstag musste ihr wohl eine besonders große Laus über die Leber gelaufen sein.

„Im Takt bleiben!", brummte sie ständig, und ihre Augen feuerten Blitze, vor allem in die letzte Reihe im Alt, wo zwei Schülerinnen, Charlotte und Sophie aus der elften Klasse des nahen Gymnasiums, miteinander tuschelten. Dadurch verpassten sie natürlich fast jeden Einsatz, was Frau Barnhofer mit bösen Blicken quittierte. Als dann Sophie auch noch den Rhythmus durcheinanderbrachte und laut in eine Pause hineinsang, platzte Frau Barnhofer der Kragen.

„Das sind zwei Viertel, dann anderthalb Pause, dann eine Achtel! Bitte mitzählen!", fauchte sie.

„Wenn ihr das nicht besser macht, blamieren wir uns morgen bis auf die Knochen und jetzt, meine Damen und Herren, alles noch mal von vorn!", tönte sie. Und an die beiden Mädchen gerichtet brummte sie: „Bis vier zählen dürfte doch kein Problem sein, oder?"

Damit hatte sie sie erst so richtig verunsichert, das konnte man fast körperlich fühlen. Der ganze Chor kam nun aus dem Takt, setzte zu früh wieder ein, und je heftiger Frau Barnhofer den Taktstock schwang, desto schlimmer wurde es.

Während der Sopran die Fuge begann, war ich bemüht, die falschen Töne aus dem Alt und Bass zu überhören. Von meinem Standpunkt aus war das auch ohne Weiteres möglich, auch wenn mich falsche Töne durchaus irritierten. Theo musste es ähnlich gehen, er miaute kurzerhand dazwischen. Doch das brachte das Fass zum Überlaufen,

Frau Barnhofer unterbrach plötzlich die gesamte Probe und fauchte Theo an: „Du nicht auch noch!" Theos Nackenhaare richteten sich auf.

„Das ist ein Kirchenchor und kein Tierkonzert! Du hältst jetzt gefälligst deinen Schnabel, sonst gibt's richtig Ärger!"

Nach dem ersten Schock begann das große Kichern im Chor und Charlotte rief: „Der hat aber ein Maul und keinen Schnabel!", worauf allgemeine Heiterkeit ausbrach. Doch Frau Barnhofer war gar nicht zum Lachen, im Gegenteil, nun wurde sie erst richtig sauer.

„Ich möchte wirklich mal wissen, wie wir die Kantate morgen im Gottesdienst schaffen wollen, wenn die Hälfte den Rhythmus nicht kapiert und die andere Hälfte lieber Witze reißt, anstatt zu üben!"

Sie tobte noch ein Weilchen herum, Theo war längst von der Bank gesprungen und hatte sich beleidigt und mit hoch erhobenem Kopf davongemacht, während ich noch am Klavier festhing und mir auch überlegte zu gehen. So hatte das eigentlich alles keinen Sinn, die Stimmung war schlecht und würde heute wohl auch nicht mehr besser werden.

Frau Barnhofer atmete tief durch, klopfte dann auf ihr Notenpult und verkündete streng: „Und jetzt alles noch einmal!"

Ich setzte zum Spiel an, der Chor sang die ersten Töne, auf einmal sah ich aus dem Augenwinkel heraus etwas durch die Kirche huschen. Theo? Nein, der war viel größer. Den nächsten Ton traf ich wegen der Ablenkung daneben, was mir einen Rüffel von unserer gestrengen Chormeisterin einbrachte.

„Sie jetzt nicht auch noch!", stöhnte sie, und noch bevor wir weitermachen konnte, kreischte Charlotte los: „Igitt, eine Maus!"

Wieder sah ich etwas durch die Kirche huschen und brauchte eine Weile, um zu realisieren, dass wir es hier mit definitiv mehr als einer Maus zu tun hatten, vermutlich handelte es sich um eine ganze Mäusefamilie, denn es huschte und raschelte an gleich mehreren Stellen. Auf einmal sah ich sie auch richtig: Eine fette Maus sauste direkt in Richtung Chor, die Damen kreischten in den höchsten Tönen und Frau Barnhofer machte einen Satz auf die nächstgelegene Kirchenbank. Mit offenem Mund saß ich staunend am Klavier und wusste nicht, was ich verwunderlicher fand: Kirchenmäuse in einem durchaus renovierungsbedürftigen, mittelalterlichen Gebäude oder Frau Barnhofers Satz auf die Kirchenbank. Immerhin wog die gute Frau geschätzte hundert Kilo und beklagte sich, solange ich sie kannte, über ihren starken Rheumatismus in den Kniegelenken. Aber wie sagte meine Großmutter immer schon:

„In Zeiten höchster Not und Angst schafft der Mensch alles!"

Nun ja, Frau Barnhofer schaffte es zunächst nicht mehr herab von der Kirchenbank, was aber weniger am fehlenden Können, sondern mehr am fehlenden Wollen lag.

„Jemand muss diese Mäuse wegschaffen!", jammerte sie und sah dabei so verzweifelt aus, dass sie mir schon wieder leidtat. „Macht hier jemand mal etwas? Mäuse! In unserer Kirche! Das darf doch nicht wahr sein!"

Herr Bogner, ein netter Mittfünfziger mit grauen Haaren, der schon seit meiner Kindheit im Chor sang, wagte sich in die Nähe von Frau Barnhofer, griff nach ihrer Hand und redete beruhigend auf sie ein. Doch es half nicht, sie war nicht zu bewegen, die Kirchenbank zu verlassen.

„Vielleicht sollte mal jemand den Hausmeister holen?", schlug Sophie vor. „Oder den Pfarrer! Frau Barnhofer braucht dringend seelischen Beistand!"

„Na, das ist ja nun wirklich reichlich übertrieben!", brummte die alte Frau Müller kopfschüttelnd. „Sie tut ja gerade so, als hätte sie noch nie eine Maus gesehen! Meine Güte, wir leben auf dem Land, da muss man damit rechnen!"

„Sie vielleicht! Aber ich nicht! Mein Haus ist sauber, da gibt es kein Ungeziefer!", kreischte Frau Barnhofer aufs Neue los. „Jemand muss etwas unternehmen!", verlangte sie und sah wirklich nicht so aus, als ob sie freiwillig von der Kirchenbank herabsteigen würde.

„Da!", rief Charlotte plötzlich. „Da ist die große Maus wieder!"

Weitere Damen kreischten, Frau Barnhofer schloss die Augen. Auf einmal sauste Theo an mir vorbei, immer der Maus hinterher und verfolgte sie durch die ganze Kirche. Er jagte sie unter einer an der Wand stehenden Kirchenbank wieder hervor und erwischte sie dann kurz vor dem Altar. Mit einem fast schon siegessicher klingenden Fauchen stürzte er sich auf sie und packte sie im Genick. Ein triumphierender Blick, dann marschierte er auf mich zu, um mir seine Beute zu präsentieren. Geistesgegenwärtig stand ich auf und zog mich vorsichtig Richtung Tür zurück, schließlich wollte ich nicht riskieren, dass Theo die Maus noch in der Kirche wieder laufen ließ. Denn dass sie noch lebte, daran zweifelte ich keine Sekunde. Theo liebte es zu spielen und zu jagen, aber manchmal war ihm eine clevere Maus auch lebend wieder entwischt. Vor der Kirche ließ er sie dann tatsächlich fallen, die Maus rappelte sich nach einigen Schrecksekunden wieder hoch und sauste schneller, als ich gucken konnte, ins Gebüsch.

„So, mein Freund, jetzt bitte noch die anderen Mäuse einfangen, sonst kriegen wir unsere Kantorin gar nicht mehr von der Kirchenbank!", bat ich ihn schmunzelnd und hielt ihm die Tür auf. Mit aufgestellten Ohren inspizierte er jede Ecke unserer Kirche und blieb dann vor einem unscheinbaren Loch im Mauerwerk hocken.

„Vermutlich sind die anderen dort hineingeflüchtet!", überlegte Frau Müller. „Da helfen Mausefallen. Rattengift tut's auch, aber Mausefallen sind sehr effektiv. Wir könnten natürlich auch einen Kammerjäger bestellen, aber das ist natürlich teuer, wo die Gemeinde doch nicht so viel Geld hat. Oder Sie lassen den Theo da sitzen, dann hat er was zu tun!"

„Kommen Sie, die Gefahr ist gebannt!", versuchte ich mein Glück bei Frau Barnhofer. „Theo passt auf, dass keine Maus mehr aus dem Loch herauskommt und falls es doch eine wagen sollte, fängt er sie ein, bevor Sie die Maus überhaupt gesehen haben!", versprach ich ihr.

Sie warf Theo einen Blick zu, der irgendwo zwischen Skepsis und Dankbarkeit schwankte, traute sich dann aber tatsächlich herabzusteigen.

„Au, meine Knie!", stöhnte sie, Theo fest im Blick. Der hatte sich derweilen vor dem Loch bequem gemacht und wartete geduldig.

„Und er passt wirklich auf?", vergewisserte sie sich. Ich nickte, Charlotte nickte und sogar Frau Müller nickte.

„Wir sollten noch mal von vorn anfangen, damit morgen alles glattgeht!", schlug Sophie vor. Eine gute Idee, um unsere Frau Barnhofer wieder auf andere Gedanken zu bringen.

Da unsere Kantorin keine Anstalten machte, den Einsatz zu geben, begann ich einfach zu spielen. Und nach und nach stimmten die Sänger ein. Nachdem der Choral noch ein bisschen holperte, weil sie alle nach und nach erst einsetzten, ging die Fuge richtig gut. Endlich war der Knoten geplatzt! Der Rhythmus stimmte, keiner verpasste seinen Einsatz und ich traf auch jeden Ton, es klang wunderbar!

„Das war schon fast perfekt!", lobte uns hinterher sogar Frau Barnhofer strahlend.

„Nur fast?", maulte Charlotte enttäuscht.

„Natürlich nur fast! An den Stellen, wo piano steht, singt ihr mindestens mezzoforte. Dabei steht das alles in den Noten. Aber ihr beobachtet lieber den Kater, wie er sich um die Mäuse kümmert. Der Theo kann sich anscheinend viel besser konzentrieren als der ganze Chor zusammen!" Sie warf einen wohlwollenden Blick in Richtung meines Katers, und ich stellte amüsiert fest, die meinte das wirklich ernst!

„Sie bringen ihn doch beim nächsten Mal wieder mit?", erkundigte sie sich nach der Probe sogar bei mir. „Er darf auch gern mitmauzen, so viel und so falsch er will, aber er muss um Himmels willen aufpassen, dass da drin keine Mäuse rumlaufen!"

Ich versicherte ihr augenzwinkernd, mit Theo zu reden, der sich sichtlich in seinem neu erworbenen Ruhm sonnte und Streicheleinheiten bei den Chordamen einsammelte.

„Ja, mein Lieber, wenn ich bei den Frauen nur halb so gut ankäme, wie du es tust, dann müsste ich auch nicht immer allein essen!", stellte ich ein bisschen neidisch fest.

Das Phantom vom Pfarrhaus

Es war doch jeden Herbst das Gleiche, ärgerte ich mich. Sobald die Tage kürzer wurden, die Blätter von den Bäumen fielen und hin und wieder ein scharfer Wind um die Häuserecken pfiff, begannen all meine Freunde sich wie die letzten Feiglinge in ihre Behausungen zurückzuziehen, um sich von ihrem Menschen von vorn bis hinten verwöhnen zu lassen. Weicheier waren das! Sie wollten sich ja bloß kein nasses Fell holen oder sich gar ihre zarten Pfötchen verkühlen. Da sahen sie sich die wilde Schönheit der Natur lieber durch Isolierglasscheiben an. Oder gleich im Fernseher. So etwas habe ich immer verabscheut. Ich war, und das sage ich mit Stolz, meine ganzen acht Jahre hindurch ein Vagabund. Und ich war ein aussterbendes Modell: der einzige meiner Art hier in unserem kleinen Ort.

Die Temperaturen sanken weiter, jetzt kamen die Katzen und Kater des Dorfes nur noch um die Mittagszeit heraus, und auch das nur, wenn die Sonne schien. Unser Treffpunkt am Waldrand gehörte mir deshalb fast den ganzen Tag allein, was ich in diesem Jahr nicht unbedingt als Vorteil gelten ließ, im Gegenteil, ich langweilte mich schier zu Tode. Noch nie hatte der Herbst so etwas wie Melancholie bei mir ausgelöst. Diesmal tat er es.

„Hast du das von Karlchen gehört?", fragte mich eines Mittags Rosalie, eine rundliche Braungetigerte.

„Nein, was ist mit ihm?", fragte ich. Karlchen war schon ein älterer Kater, deutlich untersetzt, graues Fell, etwas behäbig. Ich mochte ihn recht gern. Er strahlte so viel

Gemütlichkeit aus, dass man ihm nie böse sein konnte, selbst wenn man es gewollt hätte. Erst jetzt, wo Rosalie es erwähnte, wurde mir bewusst, dass ich ihn schon länger nicht mehr gesehen hatte.

„Sein Frauchen ist krank geworden", seufzte Rosalie.

„Ach, die alte Dame, die neben dem Bäcker wohnt", brummelte ich. Sie liebte ihr Karlchen über alles und verwöhnte ihn nach Strich und Faden. Er hatte uns immer vorgeschwärmt, mit welchen Leckereien sie ihn verwöhnte. Schon bei der Vorstellung konnte einem das Wasser im Maul zusammenlaufen. Und natürlich hatte sich das auch auf seine Figur ausgewirkt; man sah Karlchen für gewöhnlich an, wenn Fest- oder Feiertage hinter ihm lagen und er besonders verwöhnt worden war.

„Ja, sie ist sehr, sehr krank und wird wohl auch nicht mehr gesund. Nicht mehr richtig jedenfalls."

„Oh." Etwas schnürte mir die Kehle zu. Das bedeutete für Karlchen sicher gar nichts Gutes. Mein Verdacht bestätigte sich sofort, als Rosalie weitersprach. „Und es gibt keine Verwandten, die das arme Karlchen aufnehmen wollen. Es ging auch alles so schnell. Sie haben ihn deshalb schon letzte Woche ins Tierheim gebracht."

„Rattengift und Mäusekot!", fluchte ich. „Der arme Kerl."

Rosalie verleierte die Augen. „Schrecklich, nicht wahr? Im Katzenknast! Und man kann nichts mehr für ihn tun!" Das Mitgefühl ließ ihr die Tränen in die grünen Augen treten und ich schluckte drei Mal heftig, damit es mir nicht genauso erging. Ich bin ein harter Kerl, rief ich mich zur Ordnung. Egal wie sehr mir Karlchen leid tat.

„Bin ich froh, dass ich eine Familie habe, die sich um mich kümmert", plauderte Rosalie weiter, nachdem sie sich wieder gefangen hatte, und erging sich in einer langen und ausufernden Schilderung ihrer eigenen glücklichen Lebensumstände.

„Einer von ihnen ist immer da, der für mich sorgt. Sie füttern mich, halten mein Katzenklo sauber, schmusen mit mir."

Dass sie gut gefüttert wurde, war offensichtlich. Vielleicht etwas zu gut, wie ich mit einem gewissen Neid und knurrendem Magen zugab. Sonst machten mir ihre Schilderungen nichts aus, aber heute schon. Ob es an Karlchen lag? Oder an dem kalten Herbstwetter? Vielleicht auch an der langsam überhandnehmenden Einsamkeit? Was war denn heute bloß los mit mir? Vagabunden jammern nicht; sie sind verwegen, freiheitsliebend – und hungrig, wie ich deprimiert feststellte.

Die Kirchturmuhr schlug zwölf, und das erinnerte Rosalie daran, dass sie zum Mittagessen heim musste. Ich sah ihr nach, wie sie auf ihren kurzen Beinen davoneilte. Der Wind war wirklich kalt. Ich trödelte noch ein wenig herum und suchte nach etwas, was mir Spaß machen könnte, aber eigentlich war der Tag gelaufen.

Meine Situation war eigentlich nicht schlecht, zumindest nicht schlechter als sonst auch. Doch mich quälte das Henne-ohne-Schwanz-Syndrom. Ein vages Gefühl von Mangel und Entbehrung, das ich auch bei ärgster Grübelei nicht näher benennen konnte. Das machte es ja so schwierig.

Meine Freunde blieben fast die ganze Zeit über in ihren Häusern, wohlbehütet und von ihren zweibeinigen Dosenöffnern liebevoll umsorgt. Sogar die wirklich harten

Kater beschränkten ihre Reviergänge auf das absolute Minimum.

Der Gedanke daran, wie es wohl wäre, mit einem oder vielleicht auch mehreren Menschen zusammenzuleben und versorgt zu werden, ließ mich nicht mehr los. Es war eine fixe Idee, und sie hatte sich festgesetzt wie ein Dorn in der Pfote. In mancher kalten Nacht stellte ich mir vor, wie es wäre, an einem Ort zu schlafen, an dem nicht der Wind ständig pfiff, wo es vielleicht sogar mollig warm war. Doch so richtig vorstellen konnte ich es mir nicht. „Vagabund" hieß mein Zauberwort gegen allzu viel Oktoberfrust. Doch auch dieses half nur noch bedingt. Ende des Monats fiel der erste Schnee, und er blieb liegen, was ungewöhnlich war und auf einen strengen Winter schließen ließ. Zum ersten Mal, seitdem ich auf der Welt war und mein Vagabundenleben führte, fiel mir auf, wie sehr sich mein eigenes Leben von dem meiner Freunde unterschied. Mein Nahrungsbedarf stieg durch die eisige Kälte drastisch, allerdings gab es niemanden, der mir zwei Mal am Tag einen Napf voller Essen servierte. Egal, es war all die Jahre gegangen, beruhigte ich mich selbst. Und nahm mit fast schon fatalistischer Stimmung zur Kenntnis, dass es zugleich immer schwieriger wurde, Mäuse oder andere Beutetiere aufzustöbern. Dann wurde auch noch eine Metzgerei geschlossen, wodurch auch meine Beutezüge durch deren Abfallbehälter ausfielen, die mich sonst noch durch jeden Winter gebracht hatten. Der Hunger wurde zu meinem ständigen Begleiter und er nagte in meinen Eingeweiden.

Verzweifelt tigerte ich durchs Dorf, einsam, bis auf das ständige Knurren meines leeren Magens, als mir ein Duft um die Nase wehte. Ein Aroma wie direkt aus dem Paradies. Fisch … Forelle, um genau zu sein. Und Butter. Mir lief das Wasser im Maul zusammen. Ich hob den Kopf und witterte, und dann, noch bevor mir so recht klar war, was ich vorhatte, setzten sich meine Pfoten auch schon in Bewegung und trugen mich in Richtung der verlockenden Düfte. Allerdings war ich nicht der Einzige, der hier Futter witterte, denn gerade, als ich mich dem Pfarrhaus näherte, von wo der Duft in immer intensiveren Schwaden herwehte, lief mir eine Maus vor die Pfoten. Ein ziemlich großes und wohlgenährtes Exemplar. Blitzschnell sprang ich vorwärts und erlegte sie mit einem einzigen Pfotenhieb. Vorsichtig nahm ich sie zwischen die Fänge und schritt weiter. Es wäre so verlockend, das Beutetier auf der Stelle zu verschlingen. Doch hatte ich es auf den Fisch abgesehen, wozu die tote Maus mir verhelfen sollte. Mein Plan stand, nun galt es, ihn umzusetzen. Ich umrundete das Haus, und nach einer Weile hatte ich gefunden, wonach ich suchte: ein halb offenes Kellerfenster.

Vorsichtig nahm ich Witterung auf und erkundete nach allen Seiten die Umgebung. Dann schlich ich die Treppe hinauf. Am oberen Ende war keine Tür, ein weiterer Glücksfall. Als ich in die Diele des Pfarrhauses schlich, war das Aroma von gekochter Forelle mit zerlassener Butter so dick, dass man es schier mit Pfoten greifen konnte. Außerdem umgab mich wohlige Wärme, herrlich. Am liebsten hätte ich mich gleich in eine freie Ecke gekuschelt, mein knurrender Magen rief mich zur Ordnung. Ich folgte den Düften und betrat ein Zimmer, in dem zwei gemütlich wirkende, ältere Menschen an einem Tisch saßen. Der Pfarrer und seine Haushälterin, wenn ich mich recht erinnerte. Sonst traf ich sie bestenfalls draußen bei einem meiner Streifzüge. Sie bemerkten mich nicht. Fatal. Mir war doch so nach Forelle. Aber wer nicht wagt, der nicht gewinnt.

Ich schlich mich also an sie heran, die Maus im Maul und sprang auf einen freien Stuhl. Die beiden hielten mitten in der Bewegung inne, dann starrten sie mich an. Ich ließ die tote Maus, mein Gastgeschenk für die beiden, auf den Tisch plumpsen. Dann wartete ich gespannt. Eigentlich hätten sie sich ja nun vor lauter Freude und Begeisterung überschlagen und mir ein Gegengeschenk machen müssen, idealerweise in Form der aufgetafelten Forelle. Doch stattdessen schrie die Frau nach einem Moment des Schocks auf, der Pfarrer sprang hoch und stieß dabei seinen Stuhl um. Die Frau kreischte noch immer, ohne nachzulassen oder auch nur Luft zu holen. Es war ein Anblick und eine Geräuschkulisse, die ich für den Rest meines Lebens nicht mehr vergessen würde. Mir war klar, dass ich etwas falsch gemacht hatte. Die Situation war für mich mangels Vergleichsmöglichkeiten nicht einzuschätzen, aber einen freudigen Empfang hatte ich mir anders vorgestellt. Ich trat einen völlig überstürzten Rückzug an, ohne Maus und ohne Forelle, dafür mit lautstark knurrendem Magen.

Nachdem ich durch das Kellerfenster das Haus wieder verlassen hatte, überdachte ich meine Situation. Ein Reinfall, daran gab es nichts zu rütteln. Doch ein Vagabund wie ich gab nicht auf, niemals. Ich musste mich in Geduld üben, wenn ich mein Ziel erreichen wollte. Ich blieb auch in den folgenden Tagen in der Nähe und stellte fest, dass sie das Kellerfenster praktisch immer offen ließen. Gut für mich. Denn nun konnte ich das Haus betreten, wann und wie es mir beliebte. Und von dieser Möglichkeit machte ich natürlich Gebrauch, nachdem ich mich versichert hatte, dass alle Lichter im Erdgeschoss gelöscht waren und dafür in zwei Zimmern im oberen Stockwerk gedämpftes Licht durch die Vorhänge drang. Die beiden waren also in ihren jeweiligen Schlafzimmern. Auf die Art erkundete ich das Haus, ohne dass sie davon auch nur das Geringste mitbekamen. Sie schnarchten lustig weiter, dissonant, aber begeistert. Nach meinem Erkundungsgang ließ ich mich im Wohnzimmer in einem Sessel nieder und verbrachte eine wunderbar kuschelige Nacht in dem wohltemperierten Pfarrhaus, während draußen ein eisiger Wind Graupel durch das Dorf wehte. Zum ersten Mal ahnte ich, wovon meine Freunde schwärmten, wenn sie mir begeistert von ihren Katzenkörbchen und Kuscheldecken berichteten. Ich hatte es mir nie vorstellen können. Was sollte daran anders sein als an einer ordentlichen Portion Heu? Nun war mir alles klar.

Auf einem niedrigen Bord in der Küche fand ich sogar einen Rest Sahne in einem kleinen Schälchen, welches man wohl vergessen hatte, in den Kühlschrank zurückzustellen, sodass mein ärgster Hunger erst einmal gestillt werden konnte. Ja, ich könnte mich daran gewöhnen, gestand ich mir ein. Und suchte am frühen Morgen, bevor auch nur einer von beiden seinen Fuß ins Untergeschoss gesetzt hatte, das Weite. Allerdings nicht ohne den festen Vorsatz wiederzukommen.

Und das tat ich auch, denn das halb offene Kellerfenster war mein perfekter Zugang. Zu meinem Glück lebten der Pfarrer und seine Haushälterin nach einem genauen Zeitplan, den sie offenbar unter allen Umständen einhielten. Als ich den erst einmal durchschaut hatte, war der Rest ein Kinderspiel. Ich wusste, wann die Dame des Hauses in der Küche mit dem Kochen begann, wann sie eine Pause machte und wann sie das Essen dem Pfarrer servierte. Binnen kurzer Zeit kannte ich ihre Lieblingsplätze, an denen sie gern die Reste abstellte, die sie nicht sofort in Kühlschrank oder Esszimmer brachte. Ihre Kurzsichtigkeit kam mir ebenso zu Hilfe wie ihre Angewohnheit, leere Kisten und Kartons erst einmal in der Küche zu lagern – diese boten ausgezeichnete Versteckmöglichkeiten und erlaubten mir, unbemerkt meinen Beobachtungsposten einzunehmen. Am schönsten war allerdings die Angewohnheit der Haushälterin, nach den Mahlzeiten das Geschirr auf einem großen Tablett in die Küche zu tragen und dann – zu telefonieren. Offenbar hatte sie weitreichende Verbindungen zu unzähligen Leuten, mit denen sie alle möglichen wichtigen Gespräche führen musste. Und während der Pfarrer sich in sein Arbeitszimmer im ersten Stock zurückgezogen hatte und die Haushälterin im Wohnzimmer telefonierte, machte ich mich diskret über die Reste ihrer Mahlzeiten her. Natürlich nicht zu auffällig. Ich wollte ja mein Asyl nicht gefährden. Aber immerhin, solange es so blieb, war ich vor dem Verhungern sicher.

Als ich aber meinen Freunden von den Veränderungen berichtete, die mein Dasein erfahren hatte, belächelten sie mich.

„Aber ich habe doch jetzt auch Menschen, bei denen ich wohne und die für mich sorgen!", versuchte ich ih-

nen klarzumachen. Was hatten sie denn? Ich hatte ernsthaft gedacht, sie würden sich für mich freuen. Schließlich hatten sie mir ihre Lebensform seit Jahren versucht
schmackhaft zu machen. Nun, wo ich angebissen und mir
ein Zuhause gesucht hatte, schien es auch nicht recht zu
sein, das sollte jemand verstehen.

„Wie soll ich dir das erklären", grübelte Pascha, ein dicker
grauer Perserkater mit weißen Pfoten, der allgemein als
Intellektueller galt. „Es ist nicht das Gleiche wie bei uns,
weil –"

„– weil deine Menschen nicht wissen, dass sie dich haben!", ergänzte Rosalie. „Weißt du, ich finde immer wieder nach Hause, egal wie lange oder weit weg ich war,
weil es mein Zuhause ist! Dort werde ich gestreichelt und
erwartet, mein Frauchen freut sich, wenn es mich sieht
und ich um ihre Füße streife!"

„Genau!", bestätigte Pascha. „Du wohnst doch nur da,
ohne dass sie es wissen. Sie sprechen nicht mit dir, sie
machen sich keine Sorgen um dich, wenn du mal zu spät
kommst, oder fahren sofort mit dir zum Tierarzt, wenn du
dir einen bösen Dorn eingetreten hast! Sie sorgen sich
nicht um dich, sie lieben dich nicht, verstehst du? Außerdem, du hast kein Katzenklo, keinen Korb, keine eigenen
Näpfe, gar nichts."

„Pah, Katzenklo", fauchte ich. „Dazu kann ich noch immer
rausgehen. Und ich kann mir meinen Schlafplatz frei wählen. Soviel zum Thema Korb. Und Näpfe ... wer braucht
schon Näpfe? Und überhaupt – um mich muss sich keiner
sorgen! Hat ja auch noch nie einer gemacht." Ich war ge-
kränkt. Immerhin waren sie alle von ihren Menschen ausgesucht und dann aufgenommen worden, wohingegen

ich mir meinen Platz selbst ausgewählt und dann auch meinen Einzug auf meinen eigenen vier Pfoten durchgeführt hatte.

„Es zählt nicht, solange sie dich nicht offiziell als ihren Kater betrachten", erklärte nun Mollie, die schon ziemlich alt und weise war. „Sie müssen wissen, dass sie mit dir zusammenleben."

„Genau", meldete sich nun Pascha erneut zu Wort. „Solange du dich vor ihnen versteckst, bist du nicht ihr Kater. Du bist einfach nur ein Phantom im Pfarrhaus."

Ein Phantom! Ich hätte platzen können vor Wut und Empörung! Was bildete sich dieser Perser eigentlich ein? Dass er die Weisheit mit Löffeln gefressen hatte? Am liebsten hätte ich ihm rechts und links eine runtergehauen, doch ich stellte zu meinem Entsetzen fest, dass nicht ein einziger meiner sogenannten Freunde für mich Partei ergriff. Im Gegenteil, alle anderen stimmten ihm zu. Ich stand auf verlorenem Posten.

„Na, ihr seid mir vielleicht schöne Freunde", fauchte ich. „Nicht einer von euch hat sich selbst seine Menschen ergattert! Ich schon!" Ohne ein weiteres Wort drehte ich mich um und stolzierte davon. Nein, mit der Bande wollte ich mich jetzt nicht abgeben. Noch viel weniger aber wollte ich mir eingestehen, dass sie vielleicht recht haben könnten. Nein, schalt ich mich, das hatten sie nicht. Hocherhobenen Hauptes schritt ich meines Weges. Richtung Pfarrhaus. Das war mein Zuhause, ob sie es nun so sahen oder nicht.

Trotzdem nagte nun der Zweifel an mir. Hatten meine Freunde am Ende doch ein ganz klein wenig recht? Klar wäre es schöner, wenn der Pfarrer und die Hausmamsell, wie ich sie liebevoll zu nennen pflegte, sich meiner Anwesenheit bewusst wären. Doch wie sollte ich das anstellen? Ich brauchte Hilfe, so viel war klar, aber keiner meiner Freunde würde mich unterstützen, besser gesagt, keiner würde die Gelegenheit dazu haben, denn um nichts in der Welt hätte ich mir die Blöße gegeben und einen von ihnen darum gebeten. Dennoch – Hilfe nahte, und zwar in Gestalt von Hannibal. Hannibal war ein alter Mäuserich, gefräßig und frech wie aus dem Bilderbuch.

Seit Jahren hatte ich es auf ihn abgesehen, aber nie war ich auch nur auf Schwanzeslänge an ihn herangekommen. Er war einfach zu durchtrieben! Ich wusste, er lebte mit seiner weitläufigen Sippschaft im Schulhaus. Dort war sein Stammloch unter einer Treppenstufe des Haupteingangs, woran schon deutlich zu erkennen ist, dass er nichts, aber auch gar nichts fürchtete. Ja, Hannibal konnte mir helfen, überlegte ich. Ich legte mir einen Plan zurecht und bereitete meinen Besuch bei ihm vor, indem ich ein paar Speisereste von meiner eigenen Versorgung abzweigte und zur Seite legte. Fiel mir nicht leicht, musste aber sein. Dann machte ich mich auf den Weg. Vor dem Mauseloch, das ein Zugang zu den weitverzweigten unterirdischen Gängen und Höhlen der Mäusefamilie war, legte ich meine Gastgeschenke ab. Natürlich versteckten sich alle vor mir.

„Ich muss Hannibal sprechen", raunte ich in das Mauseloch. „Und ich komme in friedlicher Absicht. Niemand wird verletzt, niemand wird getötet." Vorsichtig schob ich ein Stück Wurst in den Eingang. Damit waren die Verhandlungen eröffnet. Doch bevor ich Hannibal zu sehen bekam, schickten sie erst ein paar junge Mäuseriche raus, die wohl sicherstellen sollten, dass ich alleine war. Schließlich erschien er. Der Boss des Mäuseclans in höchsteigener, gewichtiger Person. Von der Größe her hätte man ihn schon für eine kleine Ratte halten können, und darauf basierte mein Plan. Wir tuschelten, raunten und schließlich lachten wir sogar zusammen, von seiner Leibwache skeptisch beobachtet. Dann schüttelten wir uns zum Abschied noch die Pfoten, und ich machte mich auf den Heimweg.

Erleichtert und fast beschwingt, denn wenn mein Plan – nunmehr unser Plan – hinhaute wie vorgesehen, würde das einiges an meiner Situation verbessern. Und Hannibal zum Helden einer Geschichte machen, die ihn endgültig in den Annalen seines Clans auf ewig einen Ehrenplatz sichern würde.

Unsere große Vorstellung fand am zweiten Adventssonntag statt. Der Pfarrer und die Hausmamsell, die der Pfarrer immer Marianne nannte, hatten sich Gäste zum Nachmittagskaffee eingeladen. Insgesamt saßen sechs Personen um den Esstisch herum, plauderten angeregt und vertilgten dabei Unmengen von Plätzchen und Stollen.

Hannibal fand sich pünktlich ein und wir betraten das Pfarrhaus. Dann begann er sich zu zeigen. Wir hatten beschlossen, nichts zu beschädigen. Seine schiere Präsenz sollte genügen. Tat sie aber nicht. Er musste heftiger in Aktion treten, was seinen Ehrgeiz nur noch mehr anstachelte.

„Wäre doch gelacht!", kicherte er abenteuerlustig.

„Ach, was haben Sie es hier gemütlich, Pfarrer Brenner!", sagte eine rundliche Dame. Nun wusste ich endlich sei nen Namen: Pfarrer Brenner. Dann pass mal auf, mein lieber Pfarrer Brenner, dachte ich, jetzt wirst du was erleben! Hannibal und ich lauerten an der Wohnzimmertür und warteten auf den perfekten Moment. Als er gekommen war, legten wir los.

„Jetzt Hannibal, Attacke!", feuerte ich ihn an. Mit einer für seine Körperfülle erstaunlichen Wendigkeit umrundete Hannibal den Tisch. Aber noch reagierte niemand darauf. Also blies Hannibal zum Großangriff und hangelte sich am Tischtuch in die Höhe. Da ertönte der erste schrille Schrei. Darauf war er von mir vorbereitet worden, deshalb marschierte er mit todesmutiger Kaltblütigkeit einfach weiter über den Tisch. Die Damen quietschten jetzt im Quintett, während der Pfarrer einfach nur fassungslos Hannibal anstarrte. Dieser drehte ein paar Kreise auf dem Tisch und ließ sich dann blitzschnell wieder am Tischtuch hinab. Er plumpste auf dem Boden auf, und nun hatte ich meinen großen Auftritt. Zwei der Damen hatten bereits, noch immer hysterisch kreischend, ihre Stühle bestiegen. Hannibal begann nun zu rennen, und ich verfolgte ihn. Wir legten einen spektakulären Slalom zwischen Tisch-, Stuhl-, und Menschenbeinen hin, dann verschwand er unter dem Sofa. Ich warf mich auf den Bauch und wühlte mit beiden Vorderpfoten unter dem Möbel. Er tauchte, wie abgesprochen, an der Seite wieder auf und versuchte davonzurennen. Ich hinterher. Soviel Ausdauer hätte ich dem dicklichen Hannibal gar nicht zugetraut, aber er übertraf sich selbst auf seinen kurzen Mäusebeinchen. Bis er mir das vereinbarte Signal gab. Ich setzte zu einem theatralisch übertriebenen Raubtiersprung an und landete so, dass mein Kopf genau über Hannibal war.

„Tu mir bloß nicht weh", zischte er. „Du hast es versprochen!"

Als hätte ich das vergessen! Mit allergrößter Vorsicht und noch mehr Theatralik packte ich ihn. Wie vereinbart stellte er sich tot. Das machte er perfekt! Sein langer glatter Schwanz schwang leblos wie das Pendel einer Uhr hin und her. Siegessicher hielt ich meine Beute nach oben, und endlich erntete ich das erhoffte Lob.

„Mein Gott, er hat die Ratte gefangen!", rief Marianne und kletterte vorsichtig von ihrem rettenden Stuhl. Auch Pfarrer Brenner nickte anerkennend.

„Braves Kätzchen!", lobte er, und ich verzieh ihm, dass er mich Kätzchen nannte. Die Freude und Erleichterung stand allen ins Gesicht geschrieben. Ich ließ mich gebührend bewundern. Vor allem die Damen überschlugen sich nun fast vor lauter Lobgesängen auf mich, den Retter in der Not. Man hätte meinen können, ich hätte mindestens eine Million Mäuse erlegt, aber ich muss zugeben, mir gefiel die Aufmerksamkeit. Wer möchte nicht gern ein Held sein? Um die Situation nicht auszureizen, wandte ich mich Richtung Ausgang. Vorsichtig trug ich Hannibal hinaus. Der Pfarrer hielt mir freundlicherweise die Tür auf. Als wir um die nächste Ecke waren, ließ ich Hannibal sanft zu Boden gleiten. Der schüttelte sich und grinste dann, bevor er in Richtung Schulhaus davontrottete. Seine Familie würde ihn bestimmt mit Freudensprüngen begrüßen. Ach ja, Familie. Ich trottete zurück zum Pfarrhaus und kratzte an der Tür. Und siehe da, sie wurde mir aufgetan! Von der Hausmamsell Marianne in höchsteigener Person. Sie empfing mich geradezu mit offenen Armen. Ich ließ meinen Charme spielen, der bei weiblichen Wesen immer stärker wirkt, und strich ihr um die Beine. Es klappte, sie schien es zu mögen! Woher plötzlich meine Glücksgefühle kamen, weiß ich auch nicht.

„Komm rein, du tapferes Kätzchen!", empfing sie mich.

„Na, du hast wohl kein Zuhause?", wollte sie wissen, während sie mich in die Küche ließ, wo ich mich ja bereits auskannte, aber um der Authentizität willen sah ich mich mit großen Augen um. Als sie mir Milch in eine Untertasse goss und lächelnd beim Trinken zusah, wusste ich, dass ich gewonnen hatte. Ich durfte bleiben! Marianne und der Pfarrer duldeten mich nicht nur, nein, sie erhoben mich zum Familienmitglied! Das gesamte Pfarrhaus ist inzwischen mein rechtmäßiges Revier.

Jetzt habe ich alles, was meine Freunde auch haben: ein eigenes Katzenklo, verschiedene, niemals leere Fressnäpfe, und jede Menge Spielzeug. Selbstverständlich auch mein offenes Kellerfenster, damit ich kommen und gehen kann, wie es mir beliebt. Und jede Menge Streicheleinheiten! Dass gekämmt werden so angenehm ist, hätte ich nie gedacht! Jetzt weiß ich genau, wovon meine Freunde so oft geschwärmt hatten: menschliche Zuneigung. Wenn sie dich mögen, füttern sie dich nicht nur, nein, dann streicheln sie dich auch und freuen sich, wenn sie dich sehen! So wie Marianne und Pfarrer Brenner.

Freiheit ist ja eine feine Sache, die ich früher sehr geschätzt habe. Doch alles im Leben hat seine Zeit, und meine Zeit als Vagabund da draußen ist vorbei. Nicht, weil es hier im Pfarrhaus nun um vieles gemütlicher ist als auf der Straße, vor allem im Winter, und weil ich nach Strich und Faden verwöhnt werde, sondern weil ich meine beiden Menschen nicht mehr missen möchte, das ganz normale Leben, in das ich inzwischen integriert bin: das Geratter von Mariannes Nähmaschine, das mich am Mittagsschlaf hindert, zählt ebenso dazu wie die etwas übersteuerten Klavierkonzerte, die mein Pfarrer Brenner durchs Haus schallen lässt. Auch wenn sie mein Trommelfell malträtieren, so gehören sie doch zu einem Mittwochabend wie Thunfisch in meinem Futternapf. Jeden Morgen liest er die Zeitung, während ich meine Milch trinke und sich Marianne in ihre Kaffeetasse vertieft. Das nennt sie dann Ritual. Eine herrliche Angelegenheit, finde ich. Nur wir drei, ganz in Familie! Und danach geht mein Pfarrer nicht mehr an mir vorbei, ohne sich zu mir hinunterzubeugen und mir über den Kopf zu streicheln, und ganz ehrlich, wenn ich ihn kommen höre, machen sich meine Pfoten glatt selbstständig. Ich habe nämlich sogar einen Namen bekommen: Ich heiße jetzt Tiger! Die Herzen meiner beiden Herrschaften habe ich mit Mut, Tapferkeit und Ausdauer erobert und die schönste Belohnung bekommen, die man sich als Katze vorstellen kann: ein richtiges Zuhause!

Felicitas, die Friedhofskatze

Es war ein Dienstagvormittag Anfang Februar, als die Glocken unserer alten Dorfkirche ungewöhnlich viele Menschen auf den Friedhof riefen. Ich duckte mich hinter einer entlaubten Hecke, um nicht gar so aufzufallen. Mein Fell ist schneeweiß und deshalb bin ich zwischen den Grabsteinen und Efeuranken auch kaum zu übersehen, werde aber von den meisten Trauergästen nicht bewusst wahrgenommen. Als die schwere Holztür sich öffnete, wurden gleich zwei dunkle Holzsärge hinausgeschoben. Dahinter sah ich sie. Ein Mädchen von ungefähr acht Jahren, blond gelockt, mit versteinerter Miene. Ihr kurzer schwarzer Mantel war hochgeschlossen, jemand hatte ihr einen roten Schal um den Hals gelegt, der wie ein blutroter Farbtupfer in all dem Schwarz wirkte. Sie weinte nicht. Ihr Gesicht war geradezu unbeweglich und ihr Blick verlor sich irgendwo in der Ferne. Die alte Dame neben ihr hielt ihre Hand fest umklammert. Ich kannte sie vom Sehen: Abteilung D, Reihe 2. Sie kam zu allen Feiertagen und natürlich im Sommer regelmäßig zum Gießen. Ich schlich dem Trauerzug hinterher. Gegenüber einer alten Engelfigur sah ich zwei ausgehobene Gruben. Ich duckte mich gegen die Figur und ließ die Kleine nicht aus meinen grünen Augen. Dann trafen sich unsere Blicke und das Unbegreifliche geschah: Sie riss sich von der Hand der alten Dame los und stürmte auf mich zu.
„Marie! Marie!", rief diese nach einem gewissen Zögern.
„Komm schon, Liebling!"

Ich war reflexartig hinter dem Engel verschwunden und duckte mich in die kahlen Äste einer Hecke.

„Miez, miez, miez!", hörte ich sie rufen. Ein Flüstern nur. Heiser und flehend. Ich rang eine Sekunde mit mir, nein, ich konnte sie nicht vor der Hecke stehenlassen. Entschlossen kroch ich aus meinem Versteck, direkt in Maries ausgestreckte Arme.

„Du bist aber eine schöne Katze!", flüsterte sie. „Mama hat immer gesagt, ich kriege eine."

Plötzlich wusste ich es! In den beiden schwarzen Särgen lagen ihre Eltern! Wie furchtbar! Mir sträubten sich sämtliche Haare, während Marie mich unbeirrt weiter streichelte. Inzwischen war auch die Frau näher gekommen, ihre Großmutter, wie ich mir zusammenreimte.

„Komm, Schatz!", versuchte sie Marie zurück zum Trauerzug zu bewegen. Doch Marie ließ nicht von mir ab. Also tat ich, was ich tun musste, und begleitete sie. Stückchen für Stückchen, Meter für Meter näherten wir uns den beiden Särgen. Plötzlich griff Marie nach mir und hob mich hoch. Und ich war viel zu überrascht, um mich rechtzeitig zu wehren.

„Du bist aber schwer!", murmelte sie und drückte mich ganz fest an sich. Ihr Körper war angenehm warm. Angesichts der Temperaturen und dem Umstand, dass Marie gerade im Begriff war, ihre Eltern zu begraben, verzichtete ich darauf, mich zu befreien. Das Kraulen meines Fells schien sie mehr zu beruhigen als alle Worte. Die beiden Särge wurden in die Erde gelassen, viele Menschen weinten, nur Marie blieb unbeweglich.

„Eine Tragödie!", schluchzte die Frau Gödenreich, die Seniorchefin der örtlichen Bäckerei. „Das arme Mädchen!"

Das fanden alle und jeder meinte, Marie aufmunternd wahlweise übers Haar oder die Wangen streicheln zu müssen. Sie ließ es mit stoischer Ruhe über sich ergehen.

„Du kannst sie nicht mit nach Hause nehmen!", erklärte ihr die Großmutter, als Marie auch am Ausgang des Friedhofs mich nicht loslassen wollte. Damit hatte ich natürlich gerechnet. Aber selbst wenn sie mich ein Stückchen mitgenommen hätte, unser kleiner Ort war so überschaubar, dass ich ohne Probleme wieder auf meinen Friedhof zurückgefunden hätte. Widerwillig ließ Marie mich zu Boden.

„Ich komme wieder!", flüsterte sie mir zu. Und ich wusste, dass sie das auch tun würde. Es war die Art, wie sie es sagte. Und mein Gefühl, das es mir verriet. Letzteres täuschte mich eigentlich nie.

„Ein schlimmer Unfall auf der Autobahn!", erzählte mir wenig später Minka, die Graugetigerte vom Metzger Heidemann, und leckte sich andächtig die Pfoten. „Sie kamen von einer Feier. Maries Papa wurde befördert, was auch immer das heißen mag. Ein Lastwagen hat das Stauende nicht gesehen; sie sollen sofort tot gewesen sein. Die Polizei stand mitten in der Nacht bei der armen Anni Steiner vor der Tür!"

Die Metzgerei liegt nur wenige Meter neben dem Haus der Steiners. Ich erinnerte mich gut an den alten Herrn Steiner, Maries Großvater. Abteilung D, Reihe 2. Er hatte graue Haare, einen ebensolchen Schnurrbart und war in der Zeit vor seinem Tod recht schusselig gewesen.

„Für die Laura muss es ja ganz schlimm sein!", hörte ich Minka weiter sinnieren. Ich stutzte. Laura? Natürlich! Jetzt erinnerte ich mich wieder! Luise und Laura, die beiden hübschen jungen Frauen, die so gleich ausgesehen hatten!

„Die Zwillingsschwester von Maries Mama!", wisperte Minka. „Sie ist noch im Ausland, hat es nicht rechtzeitig geschafft. Aber", und nun setzte sie wieder ihre wichtigtuerische Miene auf, die sie immer aufsetzte, wenn sie etwas von sich gab, von dem sie glaubte, dass es ein Geheimnis war, obwohl sie es auch bloß von der Metzgersfrau erlauscht hatte, „Laura und ihr Mann kommen nach Hause, für immer, weil doch die Marie ein Zuhause braucht! Die Anni ist doch auch schon über Siebzig, die kann sich nicht mehr um sie kümmern!"

Ich ließ Minka weiterplappern, meine Gedanken schweiften ab. Zu Marie und all den anderen. Ich war schon eine alte Katze, hatte schon so viel gesehen und gehört. Menschliches Leid, kätzisches und all das andere auch.

„Warum blast ihr beiden denn Trübsal?", wurde ich plötzlich aus meinen Gedanken gerissen. Hugo, ein junger, schwarzer Kater, noch kein Jahr alt und reichlich übermütig, war plötzlich aus dem Nichts aufgetaucht.

„Hast du schon was gehört?", wollte er wissen, während Minka beleidigt die Miene verzog. Hugo hatte sie unterbrochen und es nicht einmal gemerkt.

„Nein, ich habe noch keine Idee, wo ich dich unterbringen kann!", vertröstete ich mein aktuelles Sorgenkind. Hugo war, wie so viele junge Katzen auch, auf der Suche nach einem von Menschen behüteten Zuhause. Es hatte sich rumgesprochen, dass die meisten Menschen sehr gut auf ihre Katzen aufpassten und es denen, die einmal ein Heim gefunden hatten, oftmals an nichts mangelte. Und ich hatte, das darf ich ohne selbstgefällig zu klingen ruhig zugeben, ein glückliches Händchen im Verkuppeln von Mensch und Katze. Allerdings war ich, was Hugo betraf, mir meiner Sache nicht so sicher. Er war wild und ungestüm. Und die Menschen, die ich für solche Zwecke im Auge hatte, waren eher ältere Leute, die einen nahestehenden Menschen verloren hatten und allein zurückgeblieben waren. Wie in vielen Orten, so waren auch in unserem Dorf die jungen Leute weggezogen: der Arbeit hinterher oder zum Studium. Ja, und weil eben viele das taten, blieben die Alten zurück. Allein und einsam in ihren zu groß und zu leer gewordenen Häusern. Was lag da näher, als einer armen Straßenkatze ein gemütliches Zuhause zu schenken? Meine Katzenfreunde jedenfalls waren alle sehr glücklich geworden, und auch von ihren Menschen hatte sich bislang niemand beschwert. Meine Masche war immer die gleiche: Ich wusste, wo die Betreffende, meist waren es ja Frauen, die allein waren, anzutreffen war. Bei mir auf dem Friedhof, versteht sich. Ich beobachtete sie eine Weile, überlegte, wer von meinen Schützlingen infrage kam, und der Rest war ein Kinderspiel. Ein kläglich miauendes Kätzchen ließen die wenigsten links liegen, und wenn doch, waren sie ohnehin nicht geeignet für meine Zwecke. In neun von zehn Fällen ging die Rechnung auf, und meine Schützlinge fanden binnen weniger Wochen ein richtiges Zuhause. Eine andere, nicht minder erfolgreiche Methode war es, meinen Schützling auf die betreffende Person aufmerksam zu machen und ihm die Initiative zu überlassen. Wenn die Chemie stimmte, und meist lag ich auf Anhieb richtig, freuten sich die Menschen darüber, wenn sich ein kleines, kuscheliges Wesen an ihre Beine schmiegte und nach Streicheleinheiten lechzte. Viele waren so einsam, dass sie meine Schützlinge fast schon auf Anhieb mitnehmen wollten. Doch ich riet allen, nicht gleich beim ersten Treffen mitzugehen. Wenn der Mensch wiederkam, weil er Sehnsucht nach seinem neuen vierpfotigen Freund hatte, war das das beste und sicherste Zeichen. Die meisten kamen wieder, gleich am nächsten Tag. Auf meinen Runden durch den Ort traf ich sie dann auch fast alle wieder und freute mich, wenn es ihnen gut ging. Auch Minka hatte ich der Metzgersfrau ans Herz gelegt, und das, obwohl ihr Ehemann noch sehr lebendig war. Die gute Lieselotte pflegte seit Jahr und Tag die Trauerhalle zu schmücken und verwöhnte mich schon eine gefühlte Ewigkeit mit Leckereien aus ihrem Laden. Minka hatte ich davon selbstverständlich abgegeben, als sie hungrig und völlig zerzaust eines Tages auf meinem Friedhof aufgetaucht war. Ihr Herrchen war verstorben und die Verwandten wollten sie im Tierheim abgeben. Davor hatte sie solche Angst gehabt, dass sie kurzerhand das Weite gesucht hatte. Minka liebte Hackepeter und Mettwurst, genau wie die Metzgerin. Die beiden passten zueinander, und es hatte nur wenige Trauerfeiern gedauert, bis sie Minka mit nach Hause genommen hatte. Nun trug sie sogar einen Chip im Ohr, weil die Heidemanns Angst hatten, dass ihnen ihre Minka abhanden kommen könnte! Sie hatte es gut getroffen. Für Hugo war ich indes noch auf der Suche.

„Wäre nicht die kleine Marie gut für Hugo?", unterbrach Minka aufgeregt meine Gedanken. Hugo spitzte sofort die Ohren.

„Marie? Wer ist das? Ist sie was für mich?"

„Nein!", fuhr ich ihn an. Unsanfter als beabsichtigt. Hugo schwieg sofort, während Minka mein Nein prompt falsch deutete.

65

„Du meinst, Marie wäre genau die Richtige für dich? Oh, Felicitas! Das wäre ja wunderbar! Wenn du auch dir endlich ein schönes Zuhause verschaffen würdest! Wenn es jemand verdient hat, dann du ..."

„Du liegst vollkommen daneben!", fuhr ich sie an. Minka schwieg erschrocken. „Ich habe alles, was ich brauche!", stellte ich klar. „Ich habe halt nur meine Zweifel, ob ein aufgewecktes Bürschchen wie Hugo für Marie das Richtige ist!" Während wir noch diskutierten, kam Marie angeschlichen. Ich erkannte sie am Schritt.

„Miez, miez, miez!", rief sie und schaute in Büsche und Sträucher.

„Sie kennt deinen Namen nicht!", stellte Minka nüchtern fest.

„Nein, natürlich nicht, woher denn auch?", fuhr Hugo sie an. „Den verrät ihr aber schon noch jemand. Also, die Kleine ist ja total niedlich und süß! Von mir aus kann sie mich auch Miez-Miez-Miez nennen, wenn sie mag!"

Hugo spitzte die Ohren, setzte zum Sprung an und landete direkt vor Maries Füßen, die angesichts von so viel Dreistigkeit erschrak.

„Oh, noch eine Katze!", murmelte sie und beäugte Hugo kritisch, der wie aufgezogen zwischen ihren Beinen herumtigerte.

„Ich bin Hugo, weißt du!", erklärte er ihr und schnurrte sie direkt an. „Ich bin auch noch klein, wie du! Wir passen zusammen! Nimm mich mit, ja? Mit nach Hause! Ich pass auch gut auf dich auf! Und wenn du willst, kannst du ganz lange mit mir knuddeln!"

„Hör auf!", fuhr ich ihn an und machte nun ebenfalls einen Satz auf den Kiesweg. „Sie versteht kein Wort! Du ver-

schreckst sie doch bloß! Hugo, verflixt, was fällt dir ein?"
„Sie ist ein Kind, viel zu jung für dich!", motzte Hugo
plötzlich los. „Ich will mit ihr mitgehen, sie soll mein
Frauchen werden!"
So aufgezogen hatte ich den Burschen ja noch nie erlebt.
Und auch Marie wirkte einigermaßen beunruhigt, als sie
feststellte, dass Hugo nicht abließ, zwischen ihren Beinen hindurchzuschlüpfen.
„Pass auf, Kätzchen, ich will doch nicht auf dich drauftre-
ten!", erklärte sie ihm, was Hugo nur noch mehr anstachelte. Dann sah sie mich!
„Hallo, du Süße, da bist du ja!" Nun konnte Hugo herum-
tigern wie er wollte, jetzt hatte Marie nur noch Augen für
mich. Vorsichtig, um nicht doch versehentlich Hugo auf
eine Pfote zu treten, kam sie näher, beugte sich zu mir herab und strich mir sanft übers Fell. Ihre kleinen Fingerchen
waren eiskalt. Ich schnurrte, da hob sie mich wieder hoch.
Dieses Mal war ich nicht ganz so überrascht, und ich ließ es
wieder geschehen. Langsam spazierten wir über den Friedhof, sie auf dem verschneiten Kiesweg, ich wohlig an sie
gekuschelt auf ihrem Arm. Wir wanderten an der Kapelle
vorbei, und wie von selbst führten sie ihre Beine zum Grab
ihrer Eltern. Dort kauerte sie sich an einen alten Baum-
stumpf und vergrub ihr Gesicht in mein Fell. Sie weinte.
„Ich hab Papa versprochen, dass ich brav allein zu Hause bleibe und kein Theater mache!", schluchzte sie. „Ich
war brav, ganz brav sogar. Selbst als ich Angst bekommen
habe, habe ich nicht geweint." Nun schluchzte sie hemmungslos. Minka und Hugo, die uns gefolgt waren, ver-
drückten vor lauter Mitleid gleich ein paar Tränchen mit,
und selbst ich musste dagegen ankämpfen.

Ich schnurrte lauter, nur um überhaupt etwas zu sagen. Immerhin wurde Marie wohl dadurch aus ihrer Starre herausgerissen, denn ihre Fingerchen wanderten wieder durch mein Fell.

„Eine Katze wollte ich auch schon immer, aber in der Stadt? Papa hat gesagt, dass wir vielleicht aufs Land ziehen, wenn er den neuen Job hat. Und dann hat er ihn gekriegt, mit Mama gefeiert und dann …" Sie schluchzte weiter. Hugo zerfloss fast vor Mitleid. Dass er so sensibel sein konnte, war mir neu.

„Meine arme Marie!", jammerte er. „Wenn du willst, bin ich immer für dich da."

Natürlich verstand Marie das nicht. Dafür streichelte sie mich wieder.

„Nun bin ich bei der Oma, aber da soll ich nicht bleiben. Jetzt kommt Tante Laura aus Boston zurück, und dann soll ich bei ihr und Onkel Karsten wohnen. Irgendwo in Hamburg. Das ist so weit weg von hier! Irgendwo an der Nordsee, wo die Leute ganz komisch reden, so wie Onkel Karsten eben. Ich würde ja viel lieber hier bleiben!"

Marie redete und redete, und bis es dunkel wurde, wusste ich praktisch alles über sie. Minka hatte sich schon vor einer ganzen Weile aus dem Staub gemacht, ihre Vesper hätte sie nicht mal der traurigsten Geschichte wegen versäumen wollen, doch Hugo hatte ausgeharrt.

„Sie muss mich einfach mitnehmen! Und du musst mir helfen!", verlangte Hugo von mir, kaum dass Marie uns verlassen hatte.

„Wir passen perfekt zusammen!", versuchte er mich zu überzeugen. „Sie ist ein Kind und wird irgendwann wieder Lust haben zu spielen! Sie braucht einen aufgeweckten Kater wie mich! Und streicheln kann sie mich auch!"

Er legte sich wirklich ins Zeug. Und tief in meinem Herzen wusste ich auch, dass Marie für ihn die weit bessere Wahl wäre als die alte Frau Spillner, die ich ursprünglich für ihn erwärmen wollte. Sie liebte schwarze Kater, ihr letzter ist steinalt geworden und friedlich entschlafen. Das war inzwischen auch ein paar Monate her. Trauer braucht Zeit, das wusste niemand besser als ich. Und ich wollte ihr Zeit geben. Doch die Gute war auch nicht mehr die Jüngste. Ein älterer, schwarzer Kater wäre besser gewesen, leider kannte ich gerade keinen, der auch verfügbar war. Ich ließ meinen Schwanz durch den Pulverschnee gleiten. Marie war wirklich hartnäckig gewesen, wollte mich am liebsten mit nach Hause nehmen! Natürlich passierte mir das nicht zum ersten Mal, aber im Gegensatz zu sonst, wurde ich heute noch wehmütiger als sonst. Die Aussicht auf regelmäßiges Futter und einen gemütlichen, warmen Schlafplatz war schon verlockend. Doch nein, besser nicht, mein Zuhause war der Friedhof, und daran würde sich jetzt auch nichts mehr ändern. Während Hugo weiter aufgeregt um mich herumscharwenzelte und eine haarsträubende Idee nach der anderen entwickelte, wie er Marie am besten von seinen Qualitäten überzeugen konnte, spürte ich, wie müde ich inzwischen war. Klar, ich war mit meinen sechzehn Wintern nicht mehr die Jüngste. Und seit der letzten großen Kälteperiode im vergangenen Jahr zwickte es mir bei diesen Minustemperaturen regelmäßig in den Knochen.

Im Laufe der nächsten Woche verging kein Tag, an dem Marie mich nicht besuchte. Sie brachte sogar Futter und

Milch mit. Natürlich hopste auch Hugo immer fleißig um sie herum. Doch irgendwie schien der Knirps ihr Herz nicht so richtig zu erreichen. Mir schüttete sie ihr Herz aus, stellte bange Fragen und fand, während sie mir das Fell kraulte, selbst die Antworten darauf. Niemand schien das Kind davon abzuhalten, fast den ganzen Tag auf dem Friedhof zu verbringen! Von Zeit zu Zeit sah ich ihre Großmutter in einem gewissen Abstand nach dem Rechten sehen, ihr ein belegtes Brot bringen und das Katzenfutter auffüllen. Ich sah sie mit dem Diakon reden und mit den anderen Friedhofsbesuchern. Marie ließen sie in Ruhe. Und die schien im Moment nur mich zu brauchen, was ich mit einer gewissen Sorge feststellte.

„Ich würde alles dafür geben, wenn mein Mariechen mich abends mit nach Hause nehmen würde!", jammerte Hugo und sah ihr jedes Mal wehmütig nach. Der Kleine tat mir schon richtig leid, aber alle Versuche, ihn irgendwie ins Spiel zu bringen, waren bislang gescheitert. Dabei hatte er sich mit der ganzen Kraft seines kleinen Katerherzens in Marie verliebt. Doch die trauerte. Manchmal dachte ich, dass sie selbst mich nur am Rande wahrnahm. Sie kam, setzte sich auf die Bank in der Nähe des Grabes ihrer Eltern und nahm mich auf den Schoß. Manchmal legte sie noch die Decke um uns herum, die ihre Großmutter in weiser Voraussicht bereitgelegt hatte. Danach streichelte sie mich fast schon mechanisch, während sie leise von ihren Eltern erzählte. Von den Geschichten, die ihre Mama ihr abends vorgelesen hatte, von den Dingen, die im letzten Urlaub an der Ostsee passiert waren, und Erlebnisse aus ihrem Schulalltag.

„Ich will nicht mehr in unsere alte Wohnung!", flüsterte sie mir eines Tages ins Ohr. „Ich will gar nicht mehr weg hier!"

Nun ja, das konnte ich zwar irgendwie verstehen, aber das ging natürlich nicht. Sie würde sicher schon bald erfahren, dass die Wohnung längst aufgelöst war. Ihre Tante war seit ihrer Rückkehr damit beschäftigt, wie Minka mich brühwarm auf dem Laufenden hielt.

„Schau mal, das hat mir Mami zum Tauftag im Januar geschenkt!" Marie hielt mir ein kleines, goldenes Medaillon unter die Barthaare. Sie drückte an der Seite auf einen winzigen Vorsprung, und siehe da, es öffnete sich. Links lachten ihre Eltern in die Kamera, rechts befand sich das Bild eines schlafenden Babys.

„Mama hat gesagt, dass ich nun schon alt genug dafür wäre!", flüsterte sie. „Es ist das letzte Geschenk von meiner Mama!"

Dicke Tränen stiegen ihr in die Augen, und plötzlich begann sie hemmungslos zu schluchzen. Ihr ganzer Körper geriet in Bewegung, zuckte haltlos hin und her. Panisch sah ich mich um. Warum war denn hier nun gerade niemand? Endlich wurde der Friedhofsgärtner auf uns aufmerksam und setzte sich in Bewegung.

„Frau Steiner, Frau Steiner, schnell, kommen Sie ..." Er hastete immer weiter rufend Richtung Friedhofsbüro. Wenig später kam sie mit dem Diakon im Schlepptau angelaufen. Ich machte einen Satz von Maries Schoß auf die Erde und somit ihrer Großmutter Platz.

„Nicht doch, mein Liebling, alles wird wieder gut!", versuchte sie Marie so gut es ging zu trösten. Ich zog mich zurück. Nein, nichts würde wieder gut werden, und irgendwann kam der Moment, an dem das auch Marie klar sein

71

würde. Egal was jemand sagte oder tat, war ein geliebter Mensch tot, brachte ihn nichts wieder. Sicher, man gewöhnte sich an den Schmerz, egal ob Mensch oder Katze, aber der Schmerz selbst verging nie. Niemand wusste das schließlich besser als ich.

Hugo entdeckte ich unter einem Busch. Er ließ Marie keine Sekunde aus den Augen.

„Wenn ich ihr doch nur irgendwie helfen könnte!", flüsterte er verschämt. Ich nickte ihm aufmunternd zu. „Bleib in ihrer Nähe!", riet ich. Und Hugo verstand, während ich mich zurückzog. Ich musste jetzt allein sein, Marie hatte ja zum Glück ihre Großmutter.

„Sie wollen sie wegholen!" Hugo weckte mich mit seinem durchdringenden „Miau". Dass er überhaupt mein Versteck kannte, wunderte mich. Normalerweise versuchte ich es vor meinen Schützlingen geheim zu halten, schon um auch einmal meine Ruhe vor ihnen zu haben.

„Hast du nicht gehört? Felicitas! Du musst etwas tun! Sie wollen Marie heute mitnehmen! Nach Hamburg!"

Hugo war völlig außer sich. Schwerfällig erhob ich mich. So schnell hatte ich nun wirklich nicht damit gerechnet. Andererseits, war es nicht vielleicht sogar das Beste für Marie, wenn sie in eine neue Umgebung kam und dort lernte, mit dem Unveränderlichen zu leben? Ich rappelte mich hoch und spazierte zu dem frischen Grab. Marie war schon dort, doch nicht allein. Eine junge Frau mit langen Haaren und einem schwarzen Mantel beugte sich mit ihr gemeinsam übers Grab, ihre Tante Laura, schlussfolgerte ich. Auf der Bank sah ich ihre Großmutter.

„Sieh mal, Marie, da kommt sie!" Anni Steiner zeigte erleichtert in meine Richtung und erhob sich. „Siehst du,

Schätzchen, du kannst dich noch von ihr verabschieden!"
„Ich will mich aber nicht verabschieden!", rief Marie. „Ich will sie mitnehmen! Sie ist meine Katze!"

Noch ehe die Menschen damit rechneten, machte ich einen Satz ins Gestrüpp, dann stürmte ich davon zu meinem Versteck. Was war bloß in Marie gefahren? Sie wollte mich mitnehmen? Nach Hamburg? Wie kam sie bloß darauf, dass ich das wollte?

„Ich gehe mit!", japste Hugo hinter mir. „Los, Felicitas, hilf mir! Ich habe sie doch so lieb, meine Marie! Ich kann sie ablenken, aufheitern, trösten, wenn sie traurig ist! Und ich hänge nicht so an diesem ollen Friedhof hier!"

Hugo zwang mich zum Anhalten, und ich hörte, wie Marie ebenfalls angerannt kam.

„Lauf doch nicht weg, liebe Miez!" Sie beugte sich zu mir herab und streichelte mich. „Ich weiß nicht mal, ob du einen Namen hast!", flüsterte sie.

„Felicitas!", hörte ich den Diakon sagen. Trotz meines unverbesserlichen Gehörs war mir sein Kommen entgangen. „Sie heißt Felicitas, Marie. Und sie ist schon eine alte Katze, fünfzehn Jahre, mindestens. Ich glaube nicht, dass sie mitgenommen werden will", erklärte er ihr ernsthaft und hockte sich neben uns. Nun sah Hugo seine Chance. Mit einem kecken Sprung landete er direkt vor Maries Füßen, die vor Schreck fast nach hinten kippte.

„Ich komme mit, Marie!", miaute er. Marie starrte entsetzt auf den kleinen schwarzen Kater zu ihren Füßen, während die Erwachsenen lachten.

„Die Kleine ist ja eine ganz aufgeweckte!" Maries Tante kicherte. „Schau mal, Marie, ist die nicht süß?"

„Ich bin aber ein Er!", motzte Hugo sofort. Zum Glück wusste der Diakon Bescheid. „Das ist Hugo, Felicitas' Schützling." So sorgte er dafür, dass Marie seinen Namen erfuhr. Doch wirklich zu interessieren schien er sie nicht. Ihr Blick war unbeirrt auf mich gerichtet. Mir war die Situation mehr als unbehaglich. Wie konnte ich Marie nur deutlich machen, dass nichts mich hier wegbrachte! Ich konnte hier nicht weg, niemals! Außerdem, ich würde ihr ja doch kein Glück bringen.

„Mein Medaillon!" Maries entsetzter Ausruf riss mich abrupt aus meinen Gedanken. „Tante Laura, Oma, der Vogel hat mein Medaillon!"

Alle starrten wir nun nach oben, und richtig, über uns flatterte eine Elster, die einen Gegenstand, der an einem Kettchen baumelte, im Schnabel hielt.

„Das ist Maries Taufmedaillon!", stellte Hugo unnötigerweise ganz aufgeregt fest. „Es ist ihr bestimmt aus der Tasche gerutscht, als sie hergelaufen ist! Ich hol es ihr wieder, Felicitas, pass auf, dass sie es sieht!"

Hugo sprang mit schnellen Sätzen der Elster nach, die auf einen Baum geflogen war. Wenn Hugo etwas im Sinn hatte, war er einfach nicht zu bremsen. Marie verfolgte ihn gespannt mit ihren Blicken.

„Sieh mal, Marie!", sagte Maries Tante unnötigerweise. „Der Hugo holt deine Kette zurück, pass auf!"

Inzwischen war mein Schützling an der alten Buche angekommen, in deren Krone sich die Elster ein Nest gebaut hatte. Mit gekonnten Sprüngen hangelte er sich den Stamm hinauf.

„Hoffentlich kommt er heil wieder runter", sagte Marie plötzlich besorgt. Hugo hatte ihre ganze Aufmerksamkeit.

Nun hatte er das Nest erreicht. Die Elster kreischte, gut, dass es noch zu früh für Junge war, und flatterte davon. Hugos Schwanz stand senkrecht, als er in das Nest abtauchte. Kurz darauf hob er triumphierend den Kopf: in seinem kleinen Mäulchen Maries Medaillon. Marie hielt die Luft an, und so schnell Hugos kleine Pfoten ihn trugen, sauste er auf uns zu. Als er nur noch wenige Meter von uns entfernt war, wusste ich, dass es Zeit war zu gehen. Die zwei hatten sich gefunden, ich musste mich nicht mehr einmischen. So leise ich konnte, wandte ich mich ab und verschwand in einer kahlen Hecke. Lautlos lief ich in mein Versteck. Jeder Schritt fiel mir schwer. Ich war in die Jahre gekommen. Besser wurde es nicht mehr. Und die Wehmut, die mich packte, wann immer ich einen meiner Schützlinge untergebracht hatte, wurde auch immer schlimmer. Dieses Mal tat es ganz besonders weh. Vielleicht weil Marie mich so sehr an jemanden erinnerte? Ich schob die lästigen Gedanken beiseite, es war Zeit für ein Nickerchen, beschloss ich.

Als ich wieder aufwachte, hörte ich sie flüstern. Und ich roch es: Thunfischchenstücke und Milch. Ich hielt die Augen geschlossen, doch es half nichts.

„Sie nimmt mich mit nach Hamburg!", miaute Hugo unüberhörbar. „Außerdem denken sie, du schläfst noch!"

„Warum hast du denn nie was gesagt, Felicitas?"

Nun hörte ich auch Minka näherkommen. „Der Diakon hat es Marie und ihrer Familie erzählt! Ich wusste nicht, dass du auch mal ein Zuhause hattest! Du sprichst ja nie darüber! Warum eigentlich nicht?"

„Abteilung C, Reihe 4!", murmelte ich, ohne meine Augen zu öffnen.

„Ich glaube, Annika war damals ungefähr so alt wie du!", hörte ich den Diakon plötzlich sagen. „Weißt du, Marie, die Felicitas geht niemals weit weg vom Friedhof. Sie kann nicht anders, sie würde ihr Frauchen nie im Stich lassen!"

„Welches Frauchen?" Minka kam neugierig näher. „Felicitas! Welches Frauchen meint der Diakon?"

„Annika, die mich aus einer Mülltonne geholt hat. Da war sie gerade sechs Jahre alt", flüsterte ich. Warum erzählte ich das eigentlich?

„Vor reichlich vierzehn Jahren gab es hier im Dorf ein furchtbares Unglück!", erzählte der Diakon weiter. „Ein Kabelbrand setzte das Haus einer jungen Familie in Brand. Sie haben ihr Zuhause verloren, in einer einzigen Nacht. Doch aus irgendeinem Grund ist Annika noch mal ins Haus gelaufen und hat sich eine Rauchvergiftung zugezogen, die sie nicht überlebt hat." Der Diakon wischte sich verschämt eine Träne aus den Augen, „Nina Reichard, die Mutter, war Lehrerin hier an der Schule, alle haben sie gern gehabt. Und Annikas Vater war Polizist. Nach Annikas Tod sind sie weggezogen. Soweit ich weiß, leben sie nun in Berlin."

„Aber warum haben sie Felicitas nicht mitgenommen?", hörte ich Maries Großmutter fragen.

Der Diakon schüttelte den Kopf. „Oh, denken Sie nicht, dass sie es nicht versucht haben! Katzen sind dickköpfig! Felicitas ist weggelaufen, noch in der Nacht, als die Feuerwehr Annika aus dem Haus brachte, erst lange nach der Beerdigung habe ich sie hier wieder gesehen."

„Und seitdem wohnt sie auf dem Friedhof?" Maries Stimme klang ganz traurig.

„Ja, sie bleibt immer in der Nähe des Grabes. Bei ihrer Annika. Siehst du nun ein, Marie, dass du Felicitas nicht einfach mitnehmen kannst? Außerdem hast du doch jetzt Hugo!"

„Aber wer kümmert sich dann um Felicitas?" So schnell gab Marie nicht auf.

„Na ich!", gab der Diakon zurück. „Für Felicitas ist gesorgt; mach dir keine Gedanken! Weißt du, dass Katzen so treue Seelen sein können, habe ich erst durch sie erfahren! Sie ist auch mir sehr ans Herz gewachsen."

Längst hatte ich meine Augen geöffnet und beobachtete, wie Marie mit sich rang. Schweren Herzens ließ sie dann aber doch von mir ab. Ihre kleinen Hände vergruben sich in Hugos schwarzes Fell, der das sichtlich genoss.

„Wir kommen dich besuchen!", versprach er mir, noch bevor Marie es mir versprach. Dann war ich plötzlich mit Minka allein. Ich wünschte sie sonstwohin, doch sie ging einfach nicht.

„Womit quälst du dich so, Felicitas?", fragte sie plötzlich.

„Wenn ich im Haus geblieben und nicht so neugierig gewesen wäre, dann würde sie noch leben!", entfuhr es mir. „Ich weiß es natürlich nicht genau, aber ich bin mir fast sicher, dass sie noch einmal hineingelaufen ist, weil sie mich gesucht hat. Wäre sie draußen geblieben bei ihren Eltern, wäre ihr vielleicht gar nichts weiter passiert!"

„Aber Felicitas, du kannst doch nichts dafür!"

„Ich habe sie im Stich gelassen, deshalb bleibe ich einfach hier", brummte ich und schloss die Augen. Plötzlich war ich sehr, sehr müde. Die Schritte der Menschen waren verklungen, und selbst der Thunfisch hatte seinen Reiz verloren. Wie lange, fragte ich mich, würde ich noch ohne meine Annika sein müssen? Doch wie so oft, bekam ich auch dieses Mal keine Antwort.

Der Wolf von Gubbio

Als Lehrerin einer katholischen Grundschule betreute ich eine zweite Klasse, und es war ein herrlich sonniger Montag am Anfang des Schuljahres, als ich gleich in der ersten Stunde die Neuigkeit verkündete: „Beim Schulfest werden wir dieses Jahr ein Theaterstück aufführen! Ihr könnt alle mitmachen und Schauspieler sein."

Vor Begeisterung hielt es meine Schüler kaum noch auf ihren Plätzen.

„Das ist so cool!", tönte Mario, ein frecher sommersprossiger Blondschopf, den ich auch nach über einem Jahr kaum von seinem Zwillingsbruder Dario unterscheiden konnte. Selbst wenn ihre Mutter freundlicherweise darauf verzichtete, die beiden Buben gleich anzuziehen, so hatten die Jungs es längst durchschaut, wie ähnlich sie einander sahen und welche Späße sich damit treiben ließen.

„Also, wenn wir uns alle wieder setzen, überlegen wir uns die Rollenverteilung und den Probenplan!", verkündete ich. „Ihr wisst ja", hob ich an, „dass dieses Schulfest etwas ganz Besonderes ist, nicht wahr?" Zwanzig Augenpaare hielten mich fixiert und die Köpfe nickten eifrig.

„Unser diesjähriges Schulfest steht ganz im Zeichen unseres Namenspatrons. Einer von euch kann mir doch sicher seinen Namen verraten, nicht wahr?", blieb ich beim Frage-Antwort-Spiel.

„Franz von Assisi!", riefen mindestens zehn Kinder gleichzeitig, während die restlichen die Hände nach oben schnellen ließen.

„Richtig!", sagte ich. „Und unsere Schule heißt?", fragte ich weiter.

„Sankt Franziskus", riefen sie wieder durcheinander.

„Der Reihe nach!", ermahnte ich sie. „Und immer schön melden und warten, bis ich jemanden aufrufe, ja?"

Sie nickten, was bei Kindern in dem Alter allerdings nicht viel zu bedeuten hatte.

„Die Antwort ist natürlich richtig!", bestätigte ich ihnen. „Das Schulfest findet jedes Jahr am Gedenktag des heiligen Franziskus statt. Kann mir jemand sagen, wann genau das ist?"

Nun reckten sich nur noch wenige Hände nach oben, ich rief Mario auf.

„Am 4. Oktober!", kam es wie aus der Pistole geschossen.

„Und der Papst heißt auch Franziskus und mit zweitem Vornamen heißt er genau wie ich!", setzte Mario noch stolz nach, auch wenn das inzwischen allen hinlänglich bekannt war. Doch Mario verkündete diese Tatsache nur zu gerne. „Jorge Mario Bergoglio!"

„Ja, richtig!", gab ich zu und verkniff mir ein Schmunzeln. Mario war schon seit dem ersten Schultag stolz auf seinen Namen gewesen, und er ließ keine Gelegenheit verstreichen, alle darauf hinzuweisen, dass der Papst so hieß wie er selbst.

„Unser Schulfest findet am Gedenktag des heiligen Franz von Assisi statt, also an dem Tag, an dem er gestorben ist. Und um diesen Gedenktag auch würdig zu feiern, lassen wir uns immer etwas ganz Besonderes einfallen. In diesem Jahr wollen wir die Legende vom Wolf aufführen!", fuhr ich fort. „Diese Geschichte erzählt, wie der heilige Franziskus mit Menschen und Tieren umgegangen ist.

Und da ihr ja Tiere auch liebt, macht euch das Theaterstück sicher großen Spaß."

Begeistertes Nicken folgte meinen Ausführungen. „So, und nun sollten wir darüber sprechen, wer welche Rolle übernehmen kann!", schlug ich vor.

Ein Theaterstück, und sei es wie in unserem Fall auch nur eine kleine Aufführung, mit einer zweiten Klasse einzustudieren, war schon eine besondere Herausforderung. Auch wenn sie schon gut lesen konnte, so war ihr Konzentrationsvermögen immer noch begrenzt. Ebenso ihre Geduld, aber das lag eben am Alter. Zum Glück gab es nicht viel Text zu lernen, ich hatte mich auf die wesentlichen Bestandteile der Legende beschränkt, die da besagte, dass der heilige Franz zu den Bewohnern eines kleinen Dorfes namens Gubbio gerufen wurde, die ein Problem mit einem wilden Wolf hatten. Der Wolf bedrohte sie und ihr Vieh und die Menschen wussten sich nicht zu helfen. Franz von Assisi kam also nach Gubbio und trat dem Wolf, der mit offenem Maul auf ihn zurannte, furchtlos entgegen. Er machte das Zeichen des Kreuzes über dem Tier und verkündete, dass er zwischen dem Tier, Bruder Wolf, und den Bewohnern von Gubbio Frieden herbeiführen wolle. Er belehrte den Wolf über seine Untaten, und der Wolf versprach ihm feierlich, die Menschen von Gubbio nicht länger zu bedrohen. Im Gegenzug verpflichteten sich diese, den Wolf regelmäßig zu füttern.

Ich erzählte den Kindern also die Geschichte und schloss damit, dass wir nun festlegen mussten, wer die Rolle des heiligen Franz von Assisi übernehmen sollte.

„Vorschläge?", fragte ich in die Klasse. Nun wurde heftig getuschelt.

„Ich will das machen!", meldete sich Mario ziemlich forsch.

„Aber warum muss es denn ein Junge sein?", nörgelte die kleine Sabina hinter ihm.

„Weil Franz von Assisi ein Mann war!", belehrte sie Dario. „Und den kann kein Mädchen spielen!"

„Und warum nicht?", fragte nun auch Ruth. „Es gibt ja keine anderen weiblichen Rollen!", beschwerte sie sich.

Ein Dilemma, das wirklich schwer zu lösen war.

„Du kannst doch die Frau vom Dorfvorsteher spielen!", schlug Dario versöhnlich vor.

„Die sagt aber nichts!", maulte Ruth weiter. „Ich will auch was sagen dürfen!"

„Damals hatten Frauen und Mädchen eben nicht so viel zu sagen wie heute!", stellte Dario klar. Sehr zu Ruths und Sabinas Verdruss.

„Dann sag doch, dass du Angst vor dem Wolf hast!", schlug Michael vor. Er saß direkt neben Ruth und war eher ein Stiller. Nachdem das Für und Wider noch eine Weile diskutiert wurde, einigten wir uns schließlich, Mario die ersehnte Rolle zuzugestehen unter der Prämisse, dass die Mädchen auch zu Wort kamen. Dario erklärte sich schließlich bereit, den Wolf zu spielen, denn einen bösen Charakter wollte niemand freiwillig übernehmen.

„Dann bin ich ja der Böse!", murrte er zwar, wurde aber von seinem Bruder mit den Worten „Ja, aber du wirst ja bekehrt!" getröstet. Und ich freute mich bereits darauf, dass ich bei der Aufführung die beiden Jungs mal nicht verwechseln konnte. Denn dass sich Mario seine Rolle streitig machen lassen würde, glaubte ich keine Sekunde. Am Abend telefonierte ich die Mütter ab, die mir bei der

Herstellung der Kostüme ihre Hilfe angeboten hatten. Nur zwei Wochen Zeit fürs Nähen war wirklich nicht viel, meine Hochachtung war den fleißigen Müttern jedenfalls sicher, denn nähen konnte ich nicht besonders gut. Als die Kinder die Kostüme dann jedoch das erste Mal sahen, waren sie nicht wirklich begeistert.

„Das sieht ja aus wie ein Kartoffelsack!", beschwerte sich Mario. „Dabei war der Vater von Franz von Assisi doch ein reicher Tuchhändler!"

„Ja, aber von dem hat er sich ja losgesagt und sogar seine Kleider abgelegt, weil er lieber in Armut leben wollte. Ohne schöne Kleider oder anderen Besitz. Wie Jesus eben, schon vergessen?", kicherte Ruth und ich konnte ein kleines bisschen Schadenfreude aus ihrer Stimme heraushören.

Außer für den heiligen Franz von Assisi gab es noch ein weiteres, sehr spezielles Kostüm für den Wolf, der ja auch als solcher zu erkennen sein sollte. Ich hatte einen alten Kunstfellmantel geopfert, der zumindest wuschelig und grau war, und wir hatten für das Gesicht eine Art Maske gebastelt. Mit einer Wolfsschnauze und Ohren, Dario sah wirklich drollig darin aus. Die Kulissen durften die Kinder ebenfalls mitgestalten, und sie malten eine mittelalterliche Stadtkulisse auf große Sperrholzplatten.

Dann war es endlich so weit: Der Tag der Aufführung war gekommen. Am Morgen in der ersten Stunde stellte ich jedoch mit Entsetzen fest, dass einer fehlte. Nur ob es Mario oder Dario war, konnte ich dabei nicht einmal auf den zweiten Blick sagen.

„Mein Bruder ist nur ein bisschen krank, aber heute Nachmittag ist er wieder topfit!", beharrte Mario. „Und in sei-

nem Wolfskostüm sieht man auch seine rote Schnupfen-
nase nicht! Er macht das schon, ganz bestimmt!"

Er klang absolut überzeugend, trotzdem meldete meine
innere Stimme Alarm und eine Mischung aus Sorge um
die Aufführung, Hoffnung, dass alles gut werden würde,
und einem Anflug von schlechtem Gewissen stieg in mir
auf. Denn ein krankes Kind gehörte eindeutig ins Bett
und nicht auf eine Bühne!

„Aber er hat sich doch so auf die Rolle gefreut, Sie dürfen
sie ihm jetzt nicht wegnehmen!", kämpfte Mario für seinen Bruder. Und da auch kein anderes Kind sich um die
Rolle des bösen Wolfes riss, gab ich nach, nicht ahnend,
was ich damit auslöste.

Als es dann so weit war, war ich mindestens genauso aufgeregt wie meine Schüler und deren Eltern, die die ersten
Reihen des Zuschauerraumes schon lange vor Beginn der
Vorstellung in Beschlag genommen hatten. Die Aufführung fand in unserer Aula statt, einem hübschen, stuck-
verzierten Festsaal im obersten Stockwerk unseres Schul-
gebäudes. Ich half den Kindern beim Umziehen, denn
einige von ihnen hatten sehr mit den ungewohnten Kos-
tümen zu kämpfen. Dann, eine Viertelstunde vor Beginn
der Aufführung, fiel mir auf, dass ich unseren Wolf noch
nirgends gesehen hatte. Das ungute Gefühl in meinem
Magen verstärkte sich unweigerlich. Hoffentlich, betete
ich, war der Junge nicht wirklich ernsthaft krank!

„Tut mir leid, aber Dario hat über neununddreißig Fieber,
der schafft es doch nicht!", beichtete mir zehn unendlich
lange Minuten später Mario. „Mama denkt, ich habe Ihnen das heute früh schon gesagt, damit Sie Ersatz finden
können!"

Mir blieb vor Entsetzen fast das Herz sehen! Eine Wolfs-
legende ohne Wolf – damit hatte sich unsere Aufführung
praktisch erledigt. Mein Blick suchte hektisch den Pro-
benraum ab. Nein, da war kein einziges Kind mehr, das
nicht schon in einem Kostüm steckte.

„Verflixt, Mario, was habt ihr euch nur dabei gedacht?",
entfuhr es mir, während ich in Gedanken hektisch alle Al-
ternativen in Betracht zog. Was sollte ich denn jetzt noch
tun? Da draußen saßen sämtliche Eltern sowie alle Leh-
rer im Publikum und warteten darauf, dass sich der Vor-
hang in weniger als fünf Minuten hob und mir fehlte eine
der Hauptfiguren!

„Aber ich habe Ersatz mitgebracht!", hörte ich Mario sagen. Ersatz? Mein Herz schlug unweigerlich schneller.

„Einverstanden!", sagte ich, zugegeben etwas vorschnell.
Denn als mir Mario seinen Ersatz präsentierte, wusste ich
nicht, ob ich lachen oder weinen sollte.

„Du hast eure Katze mitgebracht?", entfuhr es mir. Der
Stubentiger, immerhin grau-weiß-gescheckt, den er plötzlich aus der Tasche zog, fauchte mich wenig erfreut an.
Wäre ich eine Katze, hätte ich vermutlich zurückgefaucht,
aber ich war Grundschullehrerin und irgendjemand rief
im Hintergrund gerade etwas von einer Minute.

„Dario hat mit ihm den ganzen Tag geübt!", erklärte mir
Mario. „Er wird mitspielen, ganz bestimmt! Außerdem
sieht es doch so viel echter aus, auch wenn Rocco kein
Wolf ist! Nur das Kostüm wird ihm wohl nicht passen!"

„Das wird er wohl gar nicht erst probieren wollen!", stellte
ich sarkastisch fest.

„Wer von euch will einspringen?", fragte ich in den Raum
und bekam die erwartete Antwort.

„Rocco!", rief Sabina kichernd zurück. „Wir sind nämlich schon angezogen. Außerdem ist der Wolf doch eine männliche Rolle!"

Die Zeit für längere Diskussionen reichte nun wirklich nicht mehr, also gab ich in Gottes Namen grünes Licht. Was blieb mir auch sonst übrig? Selbst den Wolf spielen? Diesen absonderlichen Gedanken verwarf ich ganz schnell wieder, denn wenn es etwas gab, das ich noch weniger mochte als Nähen, so waren es öffentliche Auftritte. Insbesondere solche, bei denen ich mich lächerlich machte. Dafür war ich sogar bereit, Rocco die Bühne zu überlassen.

Als Erstes betraten meine hübsch bezopften Dorfbewohnerinnen die Bühne und jammerten und klagten über den bösen Wolf, vor dem sie sich fürchteten, dann folgten die Bauern und der Dorfvorsteher. Allerdings kicherten einige Mädchen ungeniert, vermutlich weil sie wussten, was das Publikum noch nicht mal ahnte, nämlich wer unseren Wolf mimen würde. Sie hatten wirklich Mühe, sich zu beherrschen, und ich war froh, dass wir die Legende ein wenig ausgestaltet hatten, zumindest soweit das möglich war, damit möglichst doch alle ein paar Worte sagen konnten. In dem Alter rissen sie sich noch um die Rollen, und ich wollte schon, dass sie unsere Schulaufführung in besonders guter Erinnerung behielten. Erst nach einigem Rufen des Dorfvorstehers betrat Mario als Franz von Assisi die Bühne. Er ließ sich vom Dorfvorsteher und dessen Frau das Problem schildern, und dann sollte eigentlich der Wolf auf der Bühne auftauchen. Doch das tat er erst einmal nicht. Wie die Spannung im Publikum wuchs, spürte ich fast körperlich. Mario rief nach dem

Wolf, sprich seinem Kater, und als der endlich erschien, brandete lautstarker Beifall auf. Genau das Falsche für einen verschreckten Hauskater, denn dieser dachte nicht daran, sich an das Konzept zu halten, egal wie sehr Dario vielleicht mit ihm geübt hatte. Nachdem er eine Weile nach allen Richtungen gefaucht hatte, die ersten Gäste im Publikum sich vor Lachen bereits bogen, begann er durchaus zärtlich um ein paar Mädchen herumzuschleichen, drückte sich verschmust an ihre Beine und bettelte offenkundig um Streicheleinheiten! Nichts ließ bei dem Anblick den Gedanken an einen bösen Wolf aufkommen, und so zogen sich meine kleinen Dorfbewohrinnen unsicher kichernd immer weiter zurück, was Roccos Stimmung kippen ließ. Denn plötzlich wendete er sich in Richtung Publikum, und als Mario auf ihn zukam, um das Kreuzzeichen zu schlagen, machte Rocco einen Satz und landete mitten in der ersten Reihe. Dort, auf dem Schoß einer überraschten jungen Frau, blieb er jedoch nicht sitzen. Er miaute herzerweichend, machte einen weiteren Satz in die zweite Reihe, während unser heiliger Franz von Assisi sich nun seinerseits aufmachte, den Wolf, sprich seinen Kater, einzufangen. Immer, wenn er ihn fast erwischt hatte, schlängelte sich dieser jedoch zwischen den Stuhlreihen hindurch und entwischte wieder. Doch Mario gab nicht auf, eine regelrechte Katzenjagd entspann sich, an der sich nach anfänglichem Zögern dann auch die gesamte Dorfbevölkerung von Gubbio beteiligte. Mit dem Schlachtruf: „Fangt den Wolf!", eilten sie unter Führung ihres Dorfvorstehers Michael dem heiligen Franz von Assisi zu Hilfe. Und das Publikum tat sein Bestes, um zu helfen, die meisten dachten wohl, es gehöre zum Konzept, dass der Wolf von einer Katze dargestellt und das Publikum in die Aufführung mit einbezogen wurde. Eine jedoch dachte das garantiert nicht, und zwar die Mutter der Zwillinge, die fassungslos auf ihrem Stuhl saß.

Nach ungefähr einer Viertelstunde war es Michael gelungen, Rocco einzufangen, und während ihn die Frau des Dorfvorstehers mit festem Griff auf dem Arm hielt, kam der heilige Franz von Assisi auch dazu, den Wolf über seine Untaten zu belehren und das Kreuzzeichen zu schlagen. Und der Dorfvorsteher gelobte lächelnd und feierlich, den frechen Wolf bis an sein Lebensende mit Leberwurstzipfeln zu verwöhnen, was in dem aufbrausenden Applaus des begeisterten Publikums jedoch fast unterging.

„Also, eine derartig interaktive Aufführung hat es ja noch nie gegeben!", freute sich hinterher unser Direktor und gratulierte meinen Schülern zu ihrem gelungenen Theaterstück. Alle waren glücklich und zufrieden mit unserem Auftritt, selbst Marios und Darios Mutter konnte am Ende darüber lachen.

Eine Katze kommt selten allein

Es war ein ganz gewöhnlicher Mittwochmorgen, draußen war es noch stockfinster, als mir merkwürdige Geräusche auffielen. Ich lag noch im Bett, mein Mann André war schon aus dem Haus. Als Schichtleiter eines Logistiklagers arbeitete er in Wechselschicht, diese Woche begann seine Arbeitszeit bereits um fünf Uhr morgens. Unruhig drehte ich mich von einer Seite auf die andere, trotzdem hörte ich dieses seltsame Tippeln und Tappeln. Ich wälzte mich also weiter hin und her und war regelrecht froh, als mein Wecker mich um sechs Uhr dreißig nötigte aufzustehen. Mit einem Satz sprang ich aus dem Bett, etwas, das ich sonst nie tue, und stürzte unter die Dusche. Als ich später, erfrischt und gut gelaunt, Richtung Kinderzimmer marschierte, hörte ich das Getappel wieder.

„Paul?", weckte ich meinen neunjährigen Sohn, der mich verschlafen und auf den ersten Blick noch sehr müde ansah. Birgit, seine Schwester, konnte heute länger schlafen, und da ich nun wirklich nicht auf noch mehr Stress am frühen Morgen scharf war, ließ ich sie auch tunlichst in Ruhe.

„Komm, Schatz, aufstehen!", bat ich und ließ nicht eher locker, bis Paul zumindest auf der Bettkante hockte. Plötzlich raschelte etwas.

„Hast du das auch gehört?", fragte ich meinen Sohn. Paul schüttelte vehement den Kopf, was mich eigentlich hätte sofort stutzig machen sollen, schon weil es nicht zu seinem verschlafenen Gesicht passte. Tat es aber nicht, und

89

da ich bereits den ganzen Morgen Gespenster zu hören glaubte, ging ich dem Geräusch auch nicht weiter nach.

„Nach der Schule wird Birgit dir etwas zu essen machen und dann nach deinen Hausaufgaben sehen!", erklärte ich meinem Sohn, als ich glaubte, er wäre einigermaßen aufnahmefähig. Normalerweise betreute Frau Kleidermann unseren Paul, schon weil ich als Religionslehrerin meist länger Unterricht hatte als mein Sohn und er mit neun einfach noch zu klein war, um allein daheim zu bleiben. Ein wirklich tolles Betreuungsangebot hatte seine Schule leider nicht zu bieten, sodass er selbst vorgeschlagen hatte, bei Frau Kleidermann zu warten, bis sein Papa oder ich nach Hause kam. Frau Kleidermann war inzwischen zwar auch schon etwas über achtzig, aber im Kopf topfit. Früher einmal hatte sie als Archäologin Ausgrabungen geleitet, irgendwo im Orient, davon wusste sie noch heute interessante Geschichten zu berichten. Eines der größten Projekte ihrer beruflichen Laufbahn war die Übersetzung einer Hieroglyphenwand im Tempel von Bubastis in Ägypten, was möglicherweise ihre Liebe zu Katzen erklärte, war diese Stadt im Pharaonenreich schließlich für die Verehrung der Katzengöttin berühmt. Elisabeth Kleidermann selbst hielt auch Katzen, gleich mehrere, die alle so merkwürdige Namen trugen, dass ich sie mir nicht merken konnte. Doch seit ein paar Tagen lag die gute Frau im Krankenhaus, denn sie hatte sich beim Sturz vom Stuhl, auf den sie geklettert war, um eine Glühbirne ihrer Küchenlampe auszutauschen, böse verletzt. Seitdem stand ihre Familie Kopf, denn sie wohnten alle nicht in der Nähe. Erst gestern hatte ich ihre Tochter getroffen, inzwischen auch schon weit über fünfzig, die mir erzählte, dass sie die Mutter am liebsten zu sich ins Haus nehmen wollten, dass diese sich aber nach Kräften dagegen wehrte.

„Birgit ist blöd!", murrte mein Sohn mit vollem Mund. Da war es wieder – dieses Getappel!

„Das musst du doch gehört haben!", fuhr ich Paul an. Der schüttelte jedoch nur den Kopf und guckte mich vorwurfsvoll an. „Du hörst mir gar nicht zu!", warf er mir dagegen vor. Was nicht stimmte. Ich wusste nur nicht, wie ich gegen so viel geballte geschwisterliche Abneigung vorgehen sollte. Dass mein Sohn und meine Tochter einander momentan nicht besonders grün waren, lag auf der Hand, immerhin steckte Birgit mit ihren dreizehn Jahren mitten in der Pubertät. Ein neunjähriger Bruder war da so was von oberuncool, dass es schon zu viel verlangt war, überhaupt mit ihm zu reden. Eigentlich wartete ich nun schon darauf, dass mein Sohn fortfuhr, gegen Birgit zu stänkern, doch das ließ er tatsächlich bleiben. Stattdessen verlangte er: „Ich will, dass Frau Kleidermann zurückkommt!", und hörte sich plötzlich wieder wie ein Fünfjähriger an.

„Aber Schatz, ich habe es dir doch erklärt. Frau Kleidermann ist böse gefallen, und es steht noch gar nicht fest, dass sie wieder nach Hause kommt. Und wenn sie wiederkommt, dann wird sie vielleicht gar nicht mehr in der Lage sein, auf dich aufzupassen!"

„Sie muss gar nicht aufpassen, nur zu Hause sein und Geschichten erzählen!", stellte mein Sohn seine Mindestforderungen auf. Es war müßig, ihm zu erklären, dass das Leben leider kein Wunschkonzert war. Außerdem konnte ich bei aller Not und persönlicher Betroffenheit auch die Tochter verstehen. Sie sorgte sich um ihre Mutter, klar, dass sie sie in der Nähe haben wollte. „Du, sag mal, du musst das doch hören!", unterbrach ich Pauls Erklärungen, warum er meinte, Birgit müsse gar nicht mehr auf ihn aufpassen. „Das hört sich doch an, als ob hier jemand herumtippelt. Ein Tier oder ein kleines Kind oder so!"

„Aber Mama, die Bauers über uns haben keine Kinder!", klärte mich mein Sohn auf. Als ob ich das nicht selber wüsste! Da es schon einigermaßen spät war, ich hatte wohl doch zu lange meinen Gedanken nachgehangen, mussten wir uns nun beeilen. Jedenfalls kam ich nicht mehr dazu, die Wohnung abzusuchen. Trotzdem ließ mich das komische Geräusch sowie das unbestimmte Gefühl, da wäre irgendwas gewesen, den ganzen Tag über nicht los.

„Du, wir hatten mal Mäuse!", erzählte mir in der Pause eine Kollegin. „Das hat sich auch ganz komisch angehört. Vielleicht musst du ein paar Köder auslegen oder Mausefallen aufstellen?"

Allein der Gedanke an krabbelige Vierbeiner, die ungesehen unter meinen Möbeln hindurchhuschten, verursachte mir Gänsehaut. Und als mir dann unser Hausmeister auch noch zu Rattengift riet und mir von einem Waschbären berichtete, der es sich auf dem Dachboden seines Hauses gemütlich gemacht hatte, gingen bei mir sämtliche Alarmglocken an. Als ich heimkam, schien auf den ersten Blick alles in Ordnung. Dass mein Sohn nicht zu Hause war, dafür aber Birgit vor dem Computer saß und angeblich Hausaufgaben machte, nahm ich lediglich am Rande zur Kenntnis. Ich sah mich zunächst in ihrem Zimmer um, was auf wenig Gegenliebe stieß.

„Ich mache Hausaufgaben, Mama, du störst!", erklärte sie mir ernsthaft.

„Auf Facebook? Seit wann das denn?", feuerte ich zurück. Demonstrativ schaltete sie den Bildschirm aus und schaute mich auffordern an.

„Was suchst du eigentlich?", fragte sie.

„Hast du diese Geräusche denn heute Nacht nicht gehört?", fragte ich sie direkt. Doch Birgit schüttelte nur den Kopf. Also gab ich an dieser Stelle auf.

Pauls Abwesenheit nutzte ich natürlich, um sein Zimmer auf den Kopf zu stellen, fand bis auf ein paar Tüten Katzenfutter jedoch nichts, was da nicht hingehört hätte.

„Das ist bestimmt für Amenophis oder wie sein Lieblingskater heißt!", unkte Birgit, die mein Tun mehr als skeptisch beäugte.

„Sagst du nicht immer, dass wir einander vertrauen und uns gegenseitig glauben müssen?", hielt sie mir vor. „Und dann durchsuchst du Pauls Zimmer, wenn er nicht da ist? Das hat ja wohl mit Vertrauen wirklich nichts zu tun, oder? Dabei sind wir deine Kinder, Paul und ich! Blut ist dicker als Wasser, sagst du immer!"

Wenn ich je daran gezweifelt hatte, ob meine Tochter mir erziehungstechnisch jemals zugehört hatte, so bekam ich nun den Beweis dafür. Genüsslich rieb sie mir meine eigenen Erziehungsregeln unter die Nase und breitete die Tatsache, dass ich ja offenkundig ohne das Wissen meines Sohnes dessen Sachen durchwühlte, in aller Länge, Breite und Ausführlichkeit aus. Ich fühlte mich fast schon wie ein Schwerverbrecher, was meinen Mann, der natürlich auch nichts gehört hatte und dem ich mein Herz ausschüttete, eher erheiterte.

„Sieh es positiv, die Kinder hören dir zu!", erinnerte er mich an das Wesentliche. „Außerdem, findest du es nicht wunderbar, dass sich Birgit so schützend vor ihren Bruder stellt?"

Während mein Mann das noch länger wunderbar fand, schrillten bei mir sämtliche Alarmglocken. Erst diese Geräusche, nun das seltsame Verhalten meiner Kinder, die auf einmal wie Pech und Schwefel zusammenhielten. Wann hatte das eigentlich angefangen?

Paul schnappte ich mir, als er nach Hause kam. Von der Zimmerdurchsuchung sagte ich natürlich kein Wort, verlangte jedoch eine Erklärung für das gefundene Katzenfutter. Und die lieferte er mir auch prompt.

„Amenophis liebt Thunfisch!", erklärte er mir unumwunden. „Tetischerit und Cleopatra auch. Nefertiti futtert aber am liebsten Pute. Und Thotmosis und Nofretete füttert immer Josef, deshalb weiß ich nicht, was die am liebsten mögen!"

Dagegen war eigentlich nicht viel zu sagen, deshalb gab ich mich mit der Erklärung zufrieden. Bedauerlicherweise. Denn das Getrappel ging weiter und gipfelte dann gegen Mitternacht in einem Besuch von Frau Bauer, die mir vorwarf, die seltsamen Geräusche, die sie auch hörte, kämen aus meiner Wohnung!

„Vielleicht sollten Sie Ihren Sohnemann mal ins Kreuzverhör nehmen, den habe ich doch gestern erst mit den Katzen von Frau Kleidermann gesehen! Wer weiß, vielleicht hat er Mäuse angeschafft, um sie zu füttern!"

„Das wüsste ich aber!", wiegelte ich ab. Inzwischen war ich hundemüde, mein Mann lag längst schnarchend im Bett, was allein die Identifikation diverser Detailgeräusche schwierig machte. Ich ging ins Bett, wo ich mich bis zum Morgengrauen unruhig von einer Seite auf die andere drehte. Es war schon fast fünf Uhr, als ich es nicht mehr aushielt und aufstand. Draußen stolperte ich über etwas, das ich nicht sofort identifizieren konnte. Entsetzt schrie ich auf, was sofort meine Kinder auf den Plan rief.

„Cleopatra, los, komm wieder her!", hörte ich Birgit rufen. Das Etwas zwischen meinen Beinen verschwand im Zimmer meiner Tochter, während mein Herz raste. Ich brauchte ein paar Minuten, um mich zu sammeln, dann stellte ich meine Tochter zur Rede. Dass ich Paul in ihrem Zimmer vorfand, wunderte mich nun kaum noch.

„Wir mussten die Katzen doch evakuieren!", behauptete Birgit, als sie mir erklärte, warum in unserer Wohnung seit zwei Tagen vier Katzen lebten. „Die Tochter von Frau Kleidermann hat Frau Bauer gesagt, dass die Katzen ins Tierheim müssen, wenn Frau Kleidermann zu ihr zieht. Weil ihr Mann doch eine Katzenhaarallergie hat. Und allein in ihrer Wohnung bleiben, geht auch noch nicht, und selbst wenn, kann sie die Katzen dort auch nicht mehr allein versorgen! Doch im Tierheim trennt man die sechs doch!"

Danach hielt Birgit noch eine flammende Rede über Tierschutz, der sogar in der Aufzählung einiger Psalmen und Bibelstellen gipfelte, in denen von Gottes guter Schöpfung und Tieren die Rede war. Ihre Religionslehrerin wäre jedenfalls sehr stolz auf sie gewesen, wenn sie das nur mal zur passenden Zeit gelernt hätte!

„Na, du kannst sagen was du willst, aber die haben sich echt gut vorbereitet!", stellte mein Mann verschlafen fest, der nun auch wach war. Eine der Katzen nahm ihn sofort ins Visier und schlich um seine Beine.

„Egal wie kuschlig sie sind, hierbleiben können sie nicht. Und es ist mir auch egal, was für Vorträge ihr eurer Mutter haltet. Lasst euch was anderes einfallen!"

Damit ging mein Mann wieder ins Bett. Wohlwissend, dass mich die Kinder längst um den Finger gewickelt hatten. Mein Mitgefühl mit Mensch und Tier war legendär, natürlich würde ich nicht zulassen, dass man die Katzen trennte. Schon gar nicht, solange Frau Kleidermann auch nur ansatzweise für sie sorgen konnte.

Wild entschlossen und zugegebenermaßen reichlich müde machte ich mich am nächsten Morgen auf ins Krankenhaus. Nun wollte ich, bevor ich weitere Entscheidungen traf – denn dass ich meinen Kindern bei der Lösung ihres Problems helfen würde, war klar –, erst einmal persönlich nach Frau Kleidermann sehen. Und traf eine recht muntere, wenn auch etwas angeschlagene Patientin an, die das Kommando über die Schwestern längst an sich gerissen hatte.

„Ich weiß doch, dass Adelheid gern möchte, dass ich zu ihr ziehe. Aber ihr allergiegeplagter Mann und meine Katzen sind wirklich keine gute Kombination. Wir überlegen nun, einen Pflegedienst für einige Zeit zu beschäftigen. Aber ich werde mich wohl oder übel an den Gedanken gewöhnen müssen, bald nicht mehr all meine Lieblinge um mich zu haben!" Der letzte Satz war fast ein Flüstern und die Tränen in ihren Augen brachen mir fast das Herz.

„Nein, nein, so weit wird es nicht kommen!", versprach ich ihr. Dann berichtete ich, was Paul und Birgit, offenbar gemeinsam mit ihrem Freund Josef, ausgetüftelt hatten. „Sie müssen die Katzen irgendwie abgefangen haben, als

die draußen rumgestromert sind. Durch die Katzenklappe können sie ja rein und raus, wie sie mögen!", kicherte
Frau Kleidermann. Plötzlich wirkte sie wieder um Jahre
jünger.

„Ich bin sicher, die Kinder helfen Ihnen gern mit den Katzen, besorgen das Futter, übernehmen auch die Fütte-
rung und natürlich das Saubermachen der Katzenklos",
versprach ich Frau Kleidermann. Die wusste gar nicht,
was sie vor Überraschung sagen sollte.

„Also, mit so viel Hilfsbereitschaft hätte ich ja nie gerechnet!", sagte sie gerührt. „Dann könnte ich ja in meiner
Wohnung bleiben und irgendwann sind meine alten Knochen auch wieder verheilt!"

„Ich bespreche alles mit Ihrer Tochter!", versprach ich ihr,
bevor ich mich verabschiedete.

Und natürlich hielt ich Wort. Zunächst gewährte ich den
Katzen bei uns Asyl, was meine Kinder mit einer gewissen Genugtuung zur Kenntnis nahmen.

„Du kannst nicht immer nur von Nächstenliebe reden, wir
müssen sie auch praktizieren!", tönte meine Tochter sogar. Also griff ich den Faden gleich auf und stellte meine
Bedingungen, auf die Paul und Birgit sogar freiwillig und
ohne weitere Verhandlungen eingingen.

Frau Kleidermann kam jedenfalls ein paar Tage später aus
der Klinik. Seitdem schaut einmal am Tag eine Pflegekraft
bei ihr vorbei. Mittags bringt die Caritas das Mittagessen,
und nach der Schule sausen Birgit, Paul und sein Freund
Josef zu ihr, um Hausaufgaben zu machen und die Katzen
zu versorgen. Inzwischen gehört Frau Kleidermann schon
fast zur Familie. Und ihre Katzen natürlich auch.

Hilfe, Feuerwehr!

Um es vorweg zu sagen, ich bin ein Streuner! Einer dieser freiheitsliebenden, rebellischen Kater, die sich niemals dauerhaft von Menschen domestizieren lassen würden. Ich bin schon auf der Straße geboren, von einer freien Katze, die sich, kaum dass ich auf eigenen Pfoten stehen konnte, aus dem Staub gemacht hat! Und meist komme ich allein auch sehr gut zurecht, es gibt schließlich genügend Möglichkeiten, wie man in unserer schönen Stadt prima über die Runden kommt: Futterstellen, Mäuse und tierliebe Menschen, die einem immer mal ein Leckerchen zustecken. Jedenfalls musste ich in meinem ganzen Leben noch keinen einzigen Tag hungern, auch wenn ich nicht besonders wohlgenährt aussehe.

Und obwohl ich gern frei und für mich allein bin, so gibt es doch Ausnahmen. Feiertage nämlich verbringe ich grundsätzlich bei Dieter in der Feuerwache! Dort sind neben Dieter noch andere nette Männer, und sie alle vermissen an solchen speziellen Tagen ihre Familien, so viel habe selbst ich als Kater schon mitbekommen. Und weil sie dann immer in einer ganz besonderen Stimmung sind, haben sie mich ernsthaft in ihr Herz geschlossen. Vor allem Dieter!

„Na, Kasimir, zieht's dich an Weihnachten zu uns?", hatte er mich begrüßt, als ich vorhin in der Feuerwache vorbeischaute. Dass Dieter da sein würde, wusste ich natürlich, schließlich schnappte ich immer alles auf, was für mich einigermaßen interessant sein konnte. Häppchen zum

Beispiel oder Dienstpläne. Reine Gewohnheit, wenn man auf der Straße lebt.

Die meisten Herren der Feuerwache, und es sind ausschließlich Männer, die dort ihren Dienst versehen, sind im Gegensatz zu mir nicht mehr so ganz taufrisch, ich will damit sagen, sie bewegen sich mit großen Schritten auf den Ruhestand zu. Und sie versehen ihren Dienst seit Jahrzehnten. Mit Erfolg, denn sie hatten, anders als die Feuerwache Nord, mit der sie auf eine sich mir nicht ganz erschließende Art und Weise in Konkurrenz stehen, noch nie einen Verlust zu beklagen. Aber was macht es im Grunde auch schon, wenn ein Feuerwehrauto im Straßengraben vor einem Baum landet, solange niemand verletzt wird, nicht wahr? Dieter jedenfalls verbot seinen Kollegen über den Unglücksraben der Feuerwache Nord zu spotten, der vorgestern genau das bewerkstelligt hatte. Und dabei war es wohl noch nicht einmal während eines Großeinsatzes passiert, wie ich gehört hatte. Eher auf einer gemütlichen Übungsfahrt!

„Das kann uns auch passieren!", mahnte Dieter, dem das Getuschel schnell zu viel wurde. Und erntete Gelächter. Vor allem von Anton, seinem besten Kumpel.

„Nein, uns passiert das nicht, wir können nämlich fahren!", stellte der klar. Und so waren wir schon wieder drin im schönsten Nachmittagsgeplänkel. Bei meinen Feuerwehrmännern ist eben immer etwas los und genau deshalb bin ich dort auch so gerne. Sie tratschten, wie nur Männer es können, und aßen und tranken dabei. Und selbstverständlich fiel dem einen oder anderen auch immer mal was aus der Hand, meist direkt vor meine Nase! Wurstzipfel zum Beispiel, die mochte ich besonders gerne. Oder auch Fischstückchen! Der Heringssalat von Gisela, Dieters Frau, ist legendär, alle Kumpel der Wache lieben ihn. Und Gisela liebt ihren Dieter. So sehr, dass sie für alle seine Kollegen Heringssalat macht. Und für mich gibt sie immer Fischstückchen mit. Die füllt mir dann Dieter in einen speziellen Napf und stellt sie für mich bereit. „Damit du auch ein schönes Weihnachtsmenü hast, mein kleiner Freund!", brummte er. Gefühle zuzugeben lag ihm nicht besonders, wie vielen Männern eben, aber wir waren ja unter uns.

Kaum hatten die Männer ihren Heringssalat verspeist und ich meinen Fisch, ging es auch schon los! Ein Notruf aus dem Altenheim. Was war das aufregend! Wenn die Alarmglocken losschrillen, setzen sich die Männer automatisch in Gang, sie springen hoch, lassen alles stehen und liegen und das, noch bevor sie überhaupt wissen, was passiert ist. Das nennen sie dann immer Feuerwehrreflex. Ich dagegen sah zu, dass ich ihnen nicht in die Quere kam, denn das konnte böse Folgen haben. Aber ich war Derartiges ja schon gewohnt. Mit einem Satz rettete ich mich unter den Schemel neben dem Fenster, und es dauerte auch nicht lange, da kamen Dieter und Anton auch schon wieder zurück.

„Paul und Rüdiger sind mit zwei Einsatzwagen losgefahren, das reicht. Eine Heizdecke hat zu qualmen angefangen, da brauchen wir nicht alle loszudüsen. Ist ja kein Großbrand!", erklärte er den anderen. Viele der jüngeren Kumpel zogen sich wieder zurück, während Dieter und Anton mir im Aufenthaltsraum Gesellschaft leisteten.

„Schade, uns fehlt ein dritter Mann zum Skatspielen!", bedauerte Anton und warf mir, ich war inzwischen wieder unter dem Schemel hervorgekrochen, einen fragenden Blick zu. „Na, Kasimir, kannst du Skat spielen?"

Es kommt nicht besonders oft vor, dass ich direkt angesprochen werde, schon gar nicht mit solch direkten Aufforderungen. Bedauernd miezte ich zurück, dass ich leider keine Ahnung davon hatte. Aber darauf war Anton natürlich auch schon allein gekommen.

„Okay, dann also kein Skat!", stellte er fest und legte den Stapel Kärtchen, den er in der Hand hatte, beiseite.

„Sag mal, was soll das eigentlich mit dem Baum da draußen?", fragte Dieter und deutete Richtung Garage. „Ich meine, brauchst du den nicht daheim? Ist schließlich ein Weihnachtsbaum!"

Anton lachte. „Ja, ich weiß, hast du dir das Teil mal angeguckt? Elli fällt auf der Stelle um, wenn ich ihr so etwas anschleppe!"

„Und warum hast du das Ding dann gekauft?", fragte Dieter kopfschüttelnd.

„Ich habe ihn nicht gekauft, Dieter, warte du erst mal ab, bis du Opa bist! Den Baum hat Sophie ausgesucht, meine Enkeltochter!"

„Ist die nicht erst vier?", fragte Dieter überrascht.

Anton nickte. „Ja, sie ist vier. Und sie waren mit ihrer Kindergartengruppe irgendwo, wo es Weihnachtsbäume gab. Vor ziemlich genau zwei Wochen. Und der Verkäufer hat diesen Baum beiseite gestellt und gesagt, er ist so hässlich, dass ihn niemand haben will …"

Dieter lachte schallend. „Ach ja, der liebe Opa musste helfen!"

Anton grinste. „Na klar, wer sonst? Als ich sie aus dem Kindergarten abgeholt habe, hat sie mir von dem armen, traurigen Weihnachtsbaum erzählt, den keiner haben will. Du, ich sage dir, die Kleine hat fast geweint!"

„Und Opa hat sich erbarmt und das gute Stück gekauft!", vermutete Dieter.

„Genau!", bestätigte Anton. „Aber weil das Teil wirklich unmöglich aussieht, mickerig und windschief, dazu viel zu klein und breit, konnte ich ihn ja schlecht Elli andrehen."

„Aber Elli liebt Sophie doch ebenfalls abgöttisch!", warf Dieter ein.

„Schon!", gab Anton zu. „Allerdings kennst du Elli, ihr Weihnachtsfimmel ist legendär! Bei aller Liebe zu Sophie würde sie so ein Ding niemals als Weihnachtsbaum akzeptieren, nicht mal, wenn ich ihn auf dem Balkon aufgestellt hätte. Also habe ich Sophie gesagt, ich nehme ihn mit hierher, denn wenn Opa an Heiligabend arbeiten muss, dann will er ja auch einen Weihnachtsbaum haben. Und weil sie ihn ausgesucht hat, ist er auch etwas ganz Besonderes!"

„Und warum steht er dann so lieblos da draußen rum?", fragte Dieter dann. „Nein, mal ernsthaft, Anton, wir sollten ihn aufstellen! Was zum Schmücken und Herausputzen haben wir ja da und dann kannst du ein Foto davon machen und es morgen Sophie zeigen! Das wird sie beeindrucken!"

Anton kratzte sich nachdenklich am Kinn. „Klar, daran hatte ich auch schon gedacht, aber meinst du wirklich? Der Baum ist wirklich keine Augenweide!"

„Ist doch egal!", versicherte ihm Dieter. „Komm, lass uns anfangen, bevor es hektisch wird!"

Ich hatte dem fasziniert gelauscht. Ja, die Tanne hatte ich draußen gesehen, aber ich wusste natürlich nicht, was es damit auf sich hat. Und was ein richtiger Weihnachtsbaum war, wusste selbst ich. Hatten doch viele Menschen ihre Bäume in Vorgärten geschmückt oder auf den Balkon gestellt. So hatten selbst Streuner wie ich von diesem Weihnachtsbrauch eine gewisse Vorstellung. Es dauerte nicht lange und Anton und Dieter hievten die Tanne in den Aufenthaltsraum.

„Falk, Stefan, Theo – könnt ihr uns mal helfen?", rief Dieter den drei Jungs zu, die im hinteren Teil an ihren Telefonen herumspielten. „Los, ihr könnt nachher eure Mails checken oder Fotos twittern, jetzt werden hier mal ein paar starke Kerle gebraucht!"

Ohne Fragen zu stellen, kamen die drei angelaufen. Sie waren viel jünger als Anton und Dieter, hätten locker deren Söhne sein können, und genauso behandelte Dieter sie auch, sparte für gewöhnlich nicht mit gut gemeinten, väterlichen Ratschlägen.

„Nein, der muss noch weiter in die Ecke!", dirigierte er Stefan weiter nach hinten. Ich brachte mich lieber in Sicherheit und riskierte einen vorsichtigen Blick. Also, eine Schönheit war dieser Baum nun wahrlich nicht. Aber so hässlich, dass man deswegen nun gleich in Ohnmacht fallen musste, wie Anton das bei seiner Elli befürchtete, nun auch nicht. Er war ganz so, wie Anton sagte: Untenherum ein bisschen zu ausladend und nach oben hin war er mit Zweigen sehr sparsam ausgestattet. Dazu war die Spitze krumm und viel zu lang.

„Oh Mann, wo kommt der denn her?", prustete Theo los. „So einen hässlichen Baum habe ich ja noch nie gesehen. Darf man so was überhaupt verkaufen?"

Falk und Stefan standen nun ebenfalls kichernd und grinsend vor dem aufgestellten Baum und überragten ihn um einiges.

„Und recht klein ist er auch noch!", stellte Falk überflüssigerweise fest.

„Vielleicht sollten wir ihn einfach auf den Schemel da stellen?", schlug Theo nun vor.

„Nein!", mauzte ich entschieden. „Das ist doch mein Versteck!"

Doch mein Protest wurde nicht gehört. Oder nicht als solcher verstanden, denn mein Dieter schnappte sich nun meinen Schemel, platzierte den Baum darauf und schob ihn in die Ecke.

Skeptisch betrachtete ich mir die Angelegenheit. Na ja, da drunter war noch genügend Platz für mich, andererseits musste ich schon recht vorsichtig sein, wenn ich mich in der Hektik, die nachher ganz gewiss ausbrechen würde, darunter flüchtete. Nicht, dass das gute Stück am Ende noch zu Boden fiel, im schlimmsten Fall auf mich drauf! Inzwischen begannen die Jungs den Baum zu schmücken. Mit Lametta und Kugeln und Kerzen.

„Haben wir keine ordentliche Lichterkette?", fragte Anton, als Falk anfing, kleine weiße Kerzen mit Klebstoff an den Zweigen zu befestigen.

„Keine Ahnung, solange bin ich noch nicht dabei! Ich meine, wenn ich gewusst hätte, dass wir hier einen Baum schmücken, dann hätte ich eine Lichterkette mitgebracht, daheim habe ich genug davon. Aber jetzt ist es zu spät, um loszufahren!"

„Ach was, das geht schon!", stellte Dieter fest. „Wir zünden sie ja nicht an! Offenes Feuer ist hier ohnehin verboten, wisst ihr doch. Und die Bastelei da muss ja nicht lange halten! Nur für ein Foto und vielleicht noch für den Rest des Tages."

„Hey, guckt mal, was ich hier habe!" Theo schwenkte triumphierend eine Schnur mit kleinen weißen Dingern dran. „Eine Lichterkette! Lag unten bei dem Osterkram. Und sie geht sogar!"

„Na bitte!", freute sich Falk und stellte seine Klebeaktion prompt ein. „Dann gib das Ding mal her!"

In Windeseile schlang er die Schnur um die Äste, knipste hier und da eines der komischen Dinger dran und steckte danach den Stecker in die Steckdose. Nach einem kurzen Aufflackern erstrahlten alle kleine Kunstkerzen in hellem Licht.

„Ah ja, das sieht doch aus wie ein richtiger Weihnachtsbaum!", freute sich Anton und trat einen Meter zurück und mir damit fast auf die Pfoten. Schnell hopste ich zur Seite.

„Er ist zwar immer noch der hässlichste Baum, den ich je gesehen habe, aber er sieht nun wenigstens aus wie ein Weihnachtsbaum! Und ehe er verkommt …"

„Los, stellt euch alle drunter, dann mache ich ein Foto und stelle es bei Twitter ein!", verlangte Stefan.

„Schön, ich brauch aber auch eins, für Sophie!", stellte Anton klar, als das Gruppenfoto im Kasten war. Dann fiel sein Blick auf mich.

„Komm, Kasimir, du kommst mit aufs Foto! Sophie liebt Tiere!" Stolz erhobenen Hauptes marschierte ich zu Anton, der mich zur Feier des Tages sogar auf den Arm nahm. Dann machte Dieter ein paar Fotos und ließ sich zum Schluss auch noch mit mir und dem Weihnachtsbaum fotografieren.

„Ein Foto für Gisela!", raunte er mir zu. „Sie schimpft immer, dass sie dich noch nie gesehen hat!"

Nach dem Foto gab es noch Streicheleinheiten von Dieter und den Jungs, denn plötzlich wollten alle ein Bild mit mir auf dem Arm haben! Und weil sie mich immer so lieb verwöhnten, erfüllte ich ihnen diesen Wunsch sogar.

„Vielleicht sollten wir dem Kleinen einen lustigen Hut aufsetzen?", schlug Falk vor und sah sich suchend um.

„Wisst ihr, wie in der Werbung!"

Na der hatte vielleicht Ideen! Für mich war das jedenfalls das Signal zum Rückzug. Ich war zwar dankbar für die Leckereien, die sie mir anboten und auch dafür, hier drin bei ihnen statt draußen in der Kälte sein zu dürfen, aber das ging eindeutig zu weit. Zum Glück ging Dieter dazwischen und beendete die Suche nach etwas, was sich als Kopfbedeckung für mich eignen könnte, mit seinem Ruf an die Kaffeetafel. Just in dem Moment kamen auch Paul und Rüdiger und mit ihnen die Mannschaft von zwei Löschzügen zurück.

„Hey, wir haben einen Weihnachtsbaum!", staunte Paul und ließ sich polternd auf einem Stuhl nieder.

„Ja, und einen Christstollen haben wir auch. Genauso wie Weihnachtsplätzchen! Also ehrlich, das war ganz schön mühselig, den ganzen alten Herrschaften zu entkommen!", lachte er und stellte eine Dose mit Keksen auf den Tisch.

„Nachdem klar war, dass kein Großfeuer ausgebrochen war, machten die Bewohner nämlich mit ihrer Weihnachtsfeier weiter und glaubt mir, die hätten uns am liebsten dabehalten!"

„Ja, die kleine weißhaarige Dame, die dir die Kekse in die Hand gedrückt hatte, man, die sagte, sie wird im Januar hundert!", berichtete Rüdiger lachend. „Hey, die war noch richtig fit im Kopf und gut zu Fuß! Also wenn ich mit fast hundert noch so drauf bin, dann werde ich gerne auch zweihundert!" Die Lacher hatte er damit auf seiner Seite. Anton hatte sich derweilen an meinem Napf zu schaffen gemacht. „Hier, Wurststückchen, mein Freund!", sagte er und schob mir das Teil hin. „Nicht, dass du noch glaubst, dass nur Dieter an dich denkt. Auch meine Elli hat ein großes Herz, selbst wenn es für hässliche Weihnachtsbäume nicht groß genug ist. Aber ein kleiner Kater wie du passt da locker rein!"

Hm, roch das lecker! Ich näherte mich vorsichtig der Weihnachtstafel, aber keiner der Jungs hatte nun noch Unsinn im Kopf. Sie plauderten von ihren Familien und erzählten sich lustige Geschichten von kuriosen Einsätzen! Ich spitzte also meine Ohren, während ich mir die Wurst schmecken ließ.

„Wisst ihr noch, vor zwei Jahren,", fing Dieter an, „als am ersten Weihnachtstag eine Katze einen Großeinsatz auslöste?" Anton schlug sich lachend auf die Oberschenkel und warf mir einen verschwörerischen Seitenblick zu.

„Klar doch, wir sind wegen eines Notfalls gerufen worden, weil eine junge Frau ihre Katze vermisste! Eigentlich kein großes Ding, wir dachten, das liebe Tierchen hat sich aufs Hausdach verzogen, aber nein, als wir ankamen, saß die junge Frau auf dem Baum vor dem Haus, die Katze auf dem Schornstein und keiner von beiden kam wieder runter!"

Das Gelächter ließ mein Trommelfell erzittern, und ich fragte mich besorgt, was Menschen dazu veranlasst, auf einen Baum zu klettern. Die konnten das doch nicht mal ansatzweise so gut wie Katzen!

„Auf jeden Fall drohte der Baum dann noch abzuknicken, außerdem stand er so blöd im Vorgarten, dass wir mit der Drehleiter nicht rankamen!", erzählte Dieter lachend weiter.

„Ja, und die Nachbarn hatten in der Zwischenzeit einen Krankenwagen gerufen und die Tiernotrettung, weil sie das Schlimmste befürchteten!", fügte Anton hinzu und griff sich noch einen Keks. „Ein Großaufgebot stand also bereit, inklusive zweier unserer Löschzüge! Und dabei hat's nicht mal gebrannt!"

„Und wie habt ihr die beiden da runtergeholt?", fragte Falk atemlos.

„Na ganz einfach!", schmunzelte Dieter und warf Paul einen vielsagenden Blick zu. „Unser Freund Paul ist durchs Schlafzimmerfenster des Hauses erst auf die Veranda geklettert, von dort aus aufs Dach und hat sich dann zum Baum hin abgeseilt."

„Ja, und in dem Moment ist der Baum ins Wanken geraten, die junge Frau schwankte und ich bekam sie zu fassen! Zum Glück war es ein Flachdach, sodass sie draufspringen konnte. Nur ihre Katze ist natürlich prompt getürmt! Immerhin nach unten, wo die Nachbarin sie einfangen konnte!", erzählte Paul seine Heldentat zu Ende.

Alles lachte und während Dieter sich darüber ausließ, dass es definitiv keine gute Idee sei, sich kurz vor Weihnachten eine Katze aus dem Tierheim ins Haus zu holen und gleich auszuprobieren, ob sie allein wieder nach Hause findet, noch dazu, wenn es eine ganz kleine Katze ist, schrillte der Alarm los. Und ich machte reflexartig einen Satz unter meinen Schemel, um den Füßen auszuweichen. Doch da war ja gar kein Schemel mehr! Verdattert saß ich neben der Tür, während die Jungs in einem Tempo an mir vorbeistoben, bei dem es besser war, ihnen nicht zwischen die Füße zu gelangen. Unten lärmten die Jungs weiter und niemand hatte bislang den Alarm abgestellt. Es war ein Trampeln und Schrillen, mir schwirrte der Kopf, so laut war das. Und dann roch ich es: Qualm! Erst ganz leicht, dann immer heftiger werdend. Und dann wurde es plötzlich dunkler! Was war das denn? Ich hob vorsichtig meinen Kopf und sah es: Die Lichter am Weihnachtsbaum waren ausgegangen – kein gutes Zeichen, sagte mir mein Instinkt. Trotzdem war kein Feuer zu sehen, dafür wurde der Geruch penetranter. Und je näher ich dem Weihnachtsbaum kam, desto schlimmer wurde es! Es stank bestialisch, nach verbranntem Plastik, wie ich es manchmal draußen an einer dieser Tonnen riechen musste. Hier stimmte ganz eindeutig etwas nicht. Plötzlich hörte ich ein leises Zischen. Geriet da etwa gerade einer der windschiefen Äste in Brand? Oh je, ein Brand, direkt hier im Aufenthaltsraum! Nun heulte es auch noch über mir auf – was für ein Desaster! Ich schaute nach oben, ja, der Lärm kam aus dem kleinen Ding an der Decke, ging nur leider im Alarmsignal, das immer noch niemand abgestellt hatte, unter! Ein Feuer, wurde mir plötzlich klar, der Weihnachtsbaum drohte in Flammen aufzugehen.

„Hilfe!", miaute ich, doch noch übertönte der Lärm der Männer unten an ihren Einsatzwagen meine Stimme. Verflixt, ich musste doch etwas tun! Entsetzt sah ich, wie einer der trockenen Äste nun bereits glimmte. Nun wurde es richtig gefährlich! Ich mauzte lauter und lauter, doch niemand hörte mich. Dann hörte ich, dass sich ein Löschzug in Bewegung setzte und der Alarm endlich abgestellt wurde. Ein Löschzug, kombinierte ich blitzschnell, das hieß, die anderen Jungs waren noch da unten! Ohne nachzudenken, sprang ich zur Tür und dann so schnell mich meine zitternden Pfoten trugen nach unten. Dieter würde wissen, was zu tun ist! Ich sauste zu ihm und sprang, ganz entgegen meiner sonstigen Angewohnheiten, an ihm hoch.

„Hey, Kasimir, was ist denn mit dir los?", reagierte er. Ich mauzte und mauzte, krallte mich in sein Hosenbein und biss in seine Schnürsenkel.

„Du, der will dir was sagen!", lachte Anton, der nun auf uns aufmerksam wurde.

Ich mauzte wieder. Da stand ich nun inmitten einer Feuerwache, und die Jungs merkten nicht einmal, wenn über ihnen ein Brand ausbrach! Obwohl ich schon fast am Ende meiner Kräfte war, mauzte ich weiter, lief Richtung Aufenthaltsraum, rannte wieder zurück und fauchte so laut ich nur konnte.

Dann endlich, nach einer gefühlten Ewigkeit, setzte sich Dieter in Bewegung.

„Hört ihr das auch? Ist das unser Feuermelder oben? Ich gehe mal nachsehen!", sagte er und folgte mir endlich nach oben! Dort war inzwischen zum Glück nicht die Hölle ausgebrochen.

Der abgeknickte Ast hatte zwar schon einen weiteren in Brand gesetzt, allerdings schlugen uns keine Flammen entgegen. Es qualmte nur ganz fürchterlich und stank grauenhaft. „Einen Feuerlöscher, aber dalli!", rief Dieter und schnappte sich eine Decke. Die warf er auf den am Boden liegenden Ast und löschte damit diesen Brand-

herd schon mal aus. Dann ging alles blitzschnell. Innerhalb weniger Sekunden standen Anton, Rüdiger und
Falk mit jeweils einem Feuerlöscher hinter Dieter und
verwandelten den qualmenden Weihnachtsbaum in ein
Schaumgebilde.

„Puh, das war knapp!", sagte Dieter und besah sich den
Schaden an der Gardine, die der Ast auch bereits in Brand
gesetzt hatte. „Die können wir wohl wegschmeißen!"

„Uns hätte hier die ganze Bude abfackeln können, und keiner hätte es gemerkt!" Falk sah richtig verstört aus. „Die
Lichterkette muss wohl einen Kabelbrand verursacht haben, das erklärt auch den Qualm! Dass ausgerechnet uns
das passiert! Wo wir den Leuten doch immer predigen, dass
sie nicht jeden Mist an ihrem Baum anzünden sollen!"

„Beruhig dich wieder!", sagte Anton und klopfte Falk beruhigend auf die Schulter. „Ist ja noch mal gut ausgegangen! Und das beweist nur, dass es jedem passieren kann.
Jeder muss eben vorsichtig sein, auch wir!"

Mit einem festen Griff nahm Dieter mich nun auf den
Arm. „Gut, dass du aufgepasst hast, Kasimir! Damit haben wir eine Katastrophe verhindert!"

„Ja, stellt euch nur mal die Schlagzeile vor: Feuerwehr
Süd von Brand in den eigenen Räumen zerstört!", Falk
ging das sichtlich nahe.

„Los, entsorgt den Baum!", riss Dieter das Kommando
wieder an sich. Und zwar ohne mich loszulassen. „Das
Ding muss verschwinden, dann wird gelüftet. Und natürlich erzählt keiner von euch auch nur ein Sterbenswort
davon!", ermahnte er seine Kollegen. „Die Jungs von der
Nordwache lachen sonst noch in hundert Jahren über
uns! Und ab sofort sind Lichterketten hier verboten!"

Keiner widersprach, stattdessen gelobten alle, ihren Mund zu halten. Ich ergriff erst mal die Flucht. Beim Aufräumen wollte ich nicht auch noch zusehen, mein Bedarf an Abenteuern war für heute gedeckt.

Der Kater auf dem Kirchendach

Es war ein herrlicher Sonntagmorgen, der Gottesdienst war gerade zu Ende gegangen und unser Pfarrer unterhielt sich noch mit einigen älteren Gemeindemitgliedern, als ich – zurück im Pfarrhaus – ein äußerst seltsames Geräusch aus dem Keller hörte.

Seit fast acht Jahren war ich nun schon Pfarrhaushälterin und hatte gerade zu Anfang mit einigen Vorurteilen aufräumen müssen. Warum dachten eigentlich immer alle Leute, dass eine Pfarrhaushälterin automatisch eine alte Frau sein müsse? Ich war gerade mal Anfang vierzig, überzeugte Katholikin und das Haushalten machte mir einfach Spaß. Weil ich nicht verheiratet war, lebte ich auch im Pfarrhaus, in einer Einliegerwohnung, und mein Pfarrer respektierte durchaus auch meinen Feierabend. Dass wir uns trotzdem ständig über den Weg liefen, lag auf der Hand und war auch durchaus so gewollt. Wir teilten viele Interessen, wenngleich ich mich auch nicht für alles begeistern konnte, was ihn so antrieb. Andererseits, die neuesten Rezepte für Cup Cakes lockten ihn auch nicht hinter dem Ofen vor, nachmittags bevorzugte er lieber ein herzhaftes Schnittchen.

Weil ich noch nie ein Freund alter englischer Gruselfilme war, ging ich dem Geräusch im Keller besser nicht nach, da hätte es auch genauso gut auf dem Dachboden knarren können, auch das hätte ich weitestgehend ignoriert. Zumal ich das Gefühl nicht los wurde, dass es in letzter Zeit häufiger hier und da knarrte und knackste, aber vielleicht lag es auch an den morschen Balken unseres in die Jahre gekommenen Pfarrhauses. Mein persönliches Unbehagen hielt mich also davon ab, selbst nachzusehen, deshalb schickte ich unseren Pfarrer in die Spur, als er nach dem Gottesdienst zurückkam.

„Ein Geräusch im Keller? Unmöglich! Da ist nichts, glauben Sie mir das ruhig, Frau Schmidt!", beruhigte er mich eine Spur zu schnell. Und vor allem ohne nachzusehen!

Das Geräusch verstärkte sich, ich hätte nur nicht sagen können, was genau es war, es klang auf jeden Fall aber reichlich unheimlich und so, als ob sich wirklich jemand im Keller herumtreiben würde. Ich beschloss also, den Eindringling in meiner Not selbst zu stellen und staunte nicht schlecht, als ich im Keller, mich tapfer nach allen Seiten umguckend, fast über eine schwarze Katze gestolpert wäre. Sie erschrak, ich erschrak, sie machte einen Satz nach hinten und ich hätte am liebsten auch die Flucht angetreten, doch dann sickerte in meinem Kopf die Erkenntnis durch, dass Katzen nun nicht zwingend zu den gefährlichsten Raubtieren gehörten, auf die man in einem Pfarrhauskeller so stoßen konnte.

Ich beruhigte mich also und musterte den verschreckten Vierbeiner: schwarz, kuschelig, sogar recht hübsch, stellte ich fest. Dazu funkelnde grüne Augen. Vor dem Vorratsschrank entdeckte ich ein leeres Schälchen. Ganz offensichtlich wusste jemand, dass sie sich hier aufhielt, und da nur der Pfarrer und ich dieses Haus bewohnten, lag auf der Hand, wer das war. Nun kannte ich ja seine Tierliebe, die er nur deshalb nicht auch daheim ausleben konnte, weil ich mich seit Jahren gegen vier- oder noch mehr beinige Hausbewohner sträubte. Angesichts der

Tatsache, dass offenbar kein bösartiger Einbrecher unseren Keller als Hehlerlager missbrauchte, trat ich den geordneten Rückzug an. Oben angekommen, stellte ich unseren Pfarrer erst einmal zur Rede.

„Das arme Tier tat mir leid!", gab er auch unumwunden zu. „Sie hat sich schon ein paar Tage ums Pfarrhaus herumgedrückt und dabei so traurig gemauzt. Ich konnte sie nicht einfach draußen lassen, wo es doch so kalt ist! Und vorletzte Nacht hat es ja auch noch geregnet! Wussten Sie eigentlich, dass Katzen nichts mehr hassen als kaltes Regenwetter?"

„Nein", gab ich zu und verkniff mir den Hinweis, dass er nun, bitte schön, nicht vom Thema ablenken sollte.

„Außerdem ist es so ein hübsches Tier!", nutzte er meine Sprachlosigkeit ungeniert aus. „Haben Sie denn nicht ihr wundervolles Fell gesehen? So kuschelig und weich! Und ihr Charakter erst! So anschmiegsam!", schwärmt er weiter.

„Aha", stellte ich trocken fest und unterbrach ihn schnöde. „Das mit dem Charakter haben Sie also am Fell erkannt, verstehe! Sie müssen sich ja schon richtig gut kennen!"

Er sah mich einigermaßen schuldbewusst an. „Bitte, Frau Schmidt, es ist Sonntag, wollen wir ihr nicht Asyl gewähren?"

„In unserem Pfarrhaus?", fragte ich.

„Ja, eine Art Kirchenasyl für eine arme Katze! Kommen Sie, geben Sie sich einen Ruck!", bat er und sah mich dabei treuherzig an.

„Schön, ich setze sie nicht vor die Tür. Aber spätestens morgen bringen wir sie ins Tierheim, wo sie hingehört und man ihr ein schönes, neues Zuhause sucht!", stellte ich meine Bedingungen klar.

Er nickte zwar, stürmte dann aber sofort an mir vorbei Richtung Keller.

„Nun ja, dann kann ich sie ja auch heraufholen, nicht wahr?", rief er mir zu, und noch ehe ich antworten konnte, schnurrte mir der schwarze Vierbeiner um die Füße. Sah ganz so aus, als hätte sie hinter der Kellertür auf ihn gewartet! Dabei sah ich recht deutlich, was mit ihr los war.

„Ihre Katzenfreundin ist in anderen Umständen!", wies ich ihn auf eine Tatsache hin, die ihm bislang wohl nicht aufgefallen war.

„Oh, sie bekommt Junge?" Er sah wirklich überrascht aus.

„Ja, ganz sicher!", stellte ich fest. „Wenn wir sie nicht schnellstmöglich irgendwo unterbringen, wird es hier schon sehr bald von kleinen Katzenbabys wimmeln!", prophezeite ich ihm.

Auch wenn ich ahnte, dass ich am Sonntag schlechte Karten hatte, in einem Tierheim etwas zu erreichen, versuchte ich es trotzdem. Mit niederschmetterndem Erfolg, denn die nette Dame, die ich tatsächlich erreichte, ich hatte eine Art Katzennotrufnummer gewählt, bat mich eindringlich um Nachsicht.

„Wir sind wirklich überfüllt, probieren Sie es morgen ruhig noch woanders, aber sagten Sie nicht, Sie rufen aus einem Pfarrhaus an? Vielleicht haben Sie ja noch andere Möglichkeiten oder können sie behalten. Wissen Sie, Katzen sind wunderbare Hausgenossen ..."

Dann schwärmte sie mir die Ohren voll, wie wundervoll das Leben mit Katzen sein könnte, während ich mich irgendwie schon darüber ärgerte, dass man von mir, nur meiner Berufung wegen, tatsächlich verlangte, diesen ungebeten erschienenen Vierbeiner zu behalten. Trotzdem bedankte ich mich artig bei ihr, dann legte ich auf. Auch weil mir dieses Fellbündel schon wieder um die Füße strich.

„Sie mag Sie, Frau Schmidt!", strahlte mich mein Pfarrer an.

„Sie dürfen auch einen Namen aussuchen!", gestand er mir großzügig zu. Na super!

„Lilly!", sagte ich spontan. „So hieß meine Plüschkatze, als ich fünf war!"

„Ein wunderbarer Name!", stimmte er begeistert zu und Lilly mauzte mir von unten ebenfalls zu. Nach so viel Zustimmung konnte ich nicht anders, als sie zu streicheln. Und ja, ihr Fell war wirklich sehr weich!

Am nächsten Morgen fuhr ich, erst einmal allein, in die nächste Stadt und suchte das Tierheim auf. Schon an der Pforte bekam ich allerdings Beklemmungen. So viele Tiere auf einmal, dazu dieser Lärmpegel, nein, entschied ich, das war sicher kein geeigneter Ort für unsere trächtige Lilly. Trotzdem ging ich hinein und sah mich um. Hinterher war ich mir nur noch sicherer, dass die hier schon viel zu viele Katze hatten, um die sie sich kümmern mussten.

„Also darf Lilly bleiben?", freute sich mein Pfarrer, als ich zurückkam. Lilly schnurrte begeistert durchs Pfarrhaus und führte sich so auf, als hätte sie nie in ihrem Leben etwas anderes getan.

„Wir könnten das Kellerfenster auflassen, dann kann sie kommen und gehen, wann sie will!", sinnierte er vor sich hin, während ich mir die Bemerkung verkniff, dass es mir schon lieber wäre, sie würde sich entscheiden. Doch Lilly gefiel es offenbar so gut, dass sie das Kellerfenster zwar inspizierte, es allerdings vorzog, wieder kehrtzumachen und es sich zu meinen Füßen bequem zu machen. Selbst in meiner Einliegerwohnung war ich vor dem neugierigen Tierchen nicht sicher, sie mauzte solange vor meiner Tür herum, bis ich sie entnervt hereinließ.

In den nächsten Tagen telefonierte ich die halbe Gemeinde ab, aber niemand wollte sich freiwillig eine trächtige Katze ins Haus holen, selbst unsere mehr als tierliebe Gemeindereferentin gab mir einen Korb.
„Glauben Sie mir, Frau Schmidt, Katzen sind wundervolle Geschöpfe! Sie werden Sie lieben und schon bald nicht mehr missen wollen!"
Als ich am nächsten Morgen in die Küche kam, merkte ich sofort, dass etwas anders war. Nicht nur, dass mir Lilly nicht wie in den letzten Tagen sofort um die Füße schnurrte, ich konnte sie auch bei näherer Betrachtung nirgends entdecken.
„Frau Schmidt!", hörte ich auf einmal den Pfarrer rufen. „Schnell, kommen Sie! Das müssen Sie sehen!"
Flugs lief ich ins Wohnzimmer und stockte noch in der Tür. Direkt vor dem alten Kamin saß Lilly in ihrem vom Pfarrer liebevoll ausgestatteten Körbchen und schleckte in aller Seelenruhe drei kleine Katzenbabys ab.
„Sind die nicht entzückend!", gluckste mein Pfarrer. „Sehen Sie doch! So winzig! Sie sind erst ein paar Stunden alt!"
Er kriegte sich vor Begeisterung gar nicht mehr ein, während ich mir bereits vorstellte, wie sie in ein paar Tagen hier alle durchs Haus stolperten.
„Nun ziehen Sie mal nicht so ein Gesicht, Frau Schmidt! Freuen Sie sich lieber! Lilly geht es großartig und die Kat-

zenbabys sehen auch ganz gesund aus. Vielleicht sollte ich aber doch den Tierarzt bitten, heute Nachmittag mal nach ihnen zu sehen? Nur sicherheitshalber?"

Ich verzichtete auf eine Antwort, beschränkte mich lieber darauf, der stolzen Katzenmama eine Extraportion Futter zu bringen.

„Wenn Sie ihn einmal dahaben, fragen Sie ihn besser, ob wir für die Kleinen was Spezielles besorgen müssen!", brummte ich. Dass ich die frischgebackene Katzenmama nicht vor die Tür setzte, lag ja auf der Hand. Und ich erinnerte mich auch, irgendwo mal gelesen zu haben, dass Katzenbabys mindestens sechs, besser aber zwölf Wochen bei der Katzenmama bleiben mussten. Das hieß, im nächsten Vierteljahr würden wir uns wohl oder übel arrangieren müssen. Mein Pfarrer wusste das natürlich auch, und ich wurde das Gefühl nicht los, dass er nur auf Zeit gespielt hatte.

„Ich wusste, dass Sie das beste Herz der Welt haben, Frau Schmidt!", strahlte er mich später an. Der Tierarzt hatte ihm bestätigt, dass alles in Ordnung war und die beiden Katzenliebhaber, denn der gute alte Tierarzt outete sich schnell als solcher, hatten sogar schon einen Impfplan aufgestellt. „Und kastrieren lassen müssen wir sie auch. Sonst haben wir schon bald den nächsten Wurf im Haus!" Das klang eindeutig nicht danach, als ob er weiter nach einem neuen Zuhause für Lilly und ihre Katzenbabys suchte. Immerhin, ich bemühte mich noch einige Zeit darum, musste aber schnell einsehen, dass es nicht leicht war, eine Katzenfamilie zusammen unterzubringen.

„Im Tierheim würde man sie auch nicht zusammen vermitteln!", bestätigte mir unsere Gemeindereferentin meine schlimmsten Befürchtungen. „Aber Katzen sind eben auch keine Menschen. Die haben nicht den Familienzusammenhalt, den wir von Menschen her kennen!"

Wenn ich mir Lilly ansah, zweifelte ich allerdings an ihren Worten. Sie schleckte ihre Kleinen mit einer Hingabe ab, an der sich so manche menschliche Mutter ein Beispiel nehmen könnte.

„Wir sollten ihnen Namen geben!", meinte mein Pfarrer und überlegte, da ich dankend auf diese Ehre verzichtete, einen halben Nachmittag lang, konnte sich aber nicht recht entscheiden. So blieben die kleinen Katzen erst einmal namenlos, und Lilly war es offenbar gleich.

Nach ein paar Wochen war dann auch der Zustand erreicht, den ich schon kurz nach der Geburt der Katzenbande befürchtet hatte: Sie waren einfach überall! Vor allem dort, wo man nicht mit ihnen rechnete, stolperte ich plötzlich über schwarze kleine Fellknäuel, die sich mauzend und tapsig auf den Weg machten, ihre Umwelt zu erkunden.

Eines Abends, es war schon stockfinster draußen, wurden mir die kleinen Zwerge doch zu viel. Sie wuselten ununterbrochen um mich herum und ich hatte Mühe, nicht ständig einem von ihnen auf die Pfötchen zu treten.

„Ja, wo ist denn eure Mama?", fragte ich den kleinen Kater, der sich gerade mutig an meinem Häkelfaden zu schaffen machte. Er war ebenso rabenschwarz wie seine Mama und ließ sich von mir kein bisschen von der Wolle ablenken. Eines seiner Geschwisterchen war mit meinem Fellhausschuh beschäftigt, dem linken um genau zu sein, und der dritte im Bunde versuchte sich am Erklimmen des Sofas. Dabei maunzten sie leise und jedes in einer anderen Tonart.

Ich ging nur kurz in die Küche, dann ans Telefon, weil es klingelte, und dann war ich auch schon zurück. Dass etwas nicht stimmte, fiel mir gleich auf – es waren nur noch zwei! Hektisch sah ich mich um, nichts, der kleine schwarze Kater, der eben noch so eifrig mit meiner Wolle beschäftigt war, hatte sich in Luft aufgelöst. Seine beiden Geschwister maunzten, allerdings auch nicht anders als sonst. Mir wurde siedend heiß: Ich hatte die Zimmertür offengelassen! Ohne zu überlegen, rannte ich raus – und stieß im Flur mit meinem Pfarrer zusammen.

„Einer ist weg und die Lilly auch!", rief ich ihm zu, woraufhin er mir unaufgefordert beim Suchen half.

„Ich fürchte, ich bin vorhin unvorsichtig gewesen!", gestand mir nach der ergebnislosen Suche der Pfarrer. „Ich habe das Fahrrad in den Keller bringen wollen und dabei kurz die Türen festgestellt!"

„Oh nein!", entfuhr es mir. Der Keller war nur vom Hausflur aus zu erreichen, demselben Hausflur, zu dem auch die offengelassene Zimmertür führte. Auf einmal hörten wir ein leises Maunzen.

„Lilly?", fragte ich ungläubig. Schnell folgten wir dem Geräusch – dann traf mich fast der Schlag! Oben auf dem Dachsims funkelten zwei gelb-grüne Augen und vor dem leuchtenden Vollmond zeichnete sich die Silhouette des kleinen Katers ab. Von meinem Standpunkt betrachtet, sah er nicht mal klein aus, eher irgendwie unheimlich.

„Komm, Hugolein, komm!", lockte der Pfarrer den Kater. Lilly maunzte, der Pfarrer säuselte, nur der eben Hugo getaufte Kater blieb, wo er war. Die Szene war wirklich zu

121

komisch. Nach einer Weile schlug der auf uns aufmerksam gewordene Küster glatt vor, die Feuerwehr zu holen. „Unsinn!", machte ich ihm klar. „Der Kater ist hochgeklettert, der kommt auch wieder runter!"

Das kam er auch, wenngleich er uns im Unklaren darüber ließ, wie genau er das machte. Er nutzte nämlich die Rückseite des Gebäudes und ehe wir um die Kirche gelaufen waren, war er auch wieder unten. Damit hatte Hugo mein Herz jedenfalls im Sturm erobert. Das des Pfarrers besaßen er und der Rest der Katzenfamilie ohnehin.

„Katzenbabys werden noch schneller erwachsen als Menschenkinder!", stellte mein Pfarrer nach ein paar Monaten wehmütig fest. Ihn schien es fast mehr zu bekümmern als Lilly. Und plötzlich stellte ich mir vor, diese Rasselbande würde wirklich nicht mehr durch unser Pfarrhaus tigern. Der Gedanke gefiel mir gar nicht.

„Lilly kann ja hierbleiben und ihre Kleinen werden eben irgendwann selbst entscheiden, wo sie leben wollen!", schlug ich vor und erntete einen strahlenden Blick. Seitdem lebt Lilly bei uns. Bis heute. Und Hugo ebenfalls, nur dass er meine Person unserem Pfarrer vorzieht!

Ein Helfer in der Not

Vor über zehn Jahren kauften mein Mann und ich uns ein Haus in einem schönen Vorort. Die Gegend war perfekt, grün und idyllisch, wenngleich auch etwas abgelegen. Nach anfänglichem Zögern entschieden wir uns vor fünf Jahren, einen kleinen Kater aufzunehmen. Und bei unserem Stromer war der Name von Anfang an Programm: Tagsüber machte er gern die Gegend um unser Haus herum unsicher und freundete sich in Windeseile mit der kompletten Nachbarschaft an. Jedoch war er morgens und abends pflichtschuldig zur Stelle, wenn ich meinen Weg zur Straßenbahnhaltestelle antrat, von wo ich zum Krankenhaus fuhr, wo ich als Hebamme arbeitete.

Über welche besonderen Wahrnehmungen Katzen verfügten, überraschte mich immer wieder. Stromer zum Beispiel hasste Unpünktlichkeit, denn wenn ich insbesondere morgens einen Tick zu spät dran war, dann saß er bereits mauzend vor der Tür. Stromer fühlte sich nicht nur für meine persönliche Sicherheit zuständig, er sorgte sich ganz offensichtlich auch um sein Zuhause. Während ich noch nach Mantel, Jacke oder Schuhen suchte, inspizierte er bereits das Haus, ganz so, als wollte er sichergehen, dass auch wirklich alles in Ordnung war. Wenn seiner Meinung nach etwas nicht stimmte, dann wurde er richtig seltsam.

Es war ein wunderschöner Dienstagmorgen, draußen zwitscherten die Vögel, als ich in den Frühdienst starten wollte. Es war Sommer und damit längst hell. Herbert war bereits aus dem Haus, und ich war gerade dabei, meine Strickjacke anzuziehen, als ich bemerkte, dass Stromer unruhig wurde. Seufzend legte ich die Jacke wieder beiseite und sah mich im Haus um. Doch alle Fenster und Türen waren geschlossen und es lief kein Elektrogerät, das nicht hätte laufen sollen.

„Alles gut, Stromer, los, lass uns gehen!", sprach ich meinem Kater Mut zu. Er miaute jedoch kläglich und verschwand dann blitzschnell durch seine Katzenklappe. Ich rief eine ganze Weile nach ihm, dann entschied ich, dass ich losmusste. Auch wenn mir nicht ganz wohl bei der Sache war. Weit kam ich jedoch nicht, denn kaum hatte ich die Buchsbaumhecke unserer Nachbarn erreicht, sprang Stromer mit einem Satz aus dieser heraus und baute sich mauzend vor mir auf. Okay, dachte ich, es stimmt also etwas nicht. Aber was? Ich blieb stehen und beobachtete ihn, doch so schnell, wie er aus der Hecke gesprungen kam, so schnell verschwand er wieder darin, nur um wenig später wieder vor mir aufzutauchen. Er wiederholte das Spielchen noch ein paarmal, bis mir beim Blick über die Hecke auffiel, dass im Nachbarhaus die Tür offen stand. War das Stromers Problem? Eine offen stehende Haustür? Seufzend und die Bahn innerlich abhakend öffnete ich die Gartentür. Dann folgte ich meinem Kater zur Eingangstür. Die jungen Leute, die hier erst vor einem Jahr eingezogen waren, bekam ich nicht häufig zu Gesicht. Trotzdem hatte ich mitbekommen, dass die junge Frau Bachmann in anderen Umständen war. Nun hörte ich sie stöhnen, kaum hatte ich das Haus betreten!

„Hallo? Brauchen Sie Hilfe?", rief ich nach oben. So richtig hinein traute ich mich nicht. Stromer indes legte nicht so viel Scheu an den Tag, offenbar hatte er sich wieder gefangen und huschte nun fix die Treppe hinauf. Mittendrin stoppte er plötzlich, sah sich um und mauzte mir auffordernd zu. Zumindest deutete ich es als Aufforderung, ihm zu folgen.

„Ja, hier oben!", hörte ich Frau Bachmann rufen. Das war nun wirklich eindeutig, schnell lief ich Stromer nach und fand ein wirklich bizarres Bild vor: Frau Bachmann lag zusammengekrümmt auf dem Fußboden des Schlafzimmers, während ihr Mann kreidebleich an der Wand lehnte und ganz offensichtlich unter Schock stand. Zudem zitterte er wie Espenlaub. „Bitte, die Fruchtblase ist geplatzt, mein Mann soll mich endlich ins Krankenhaus fahren!"

„Herr Bachmann, jetzt reißen Sie sich zusammen!", fuhr ich ihn an, als freundliches Bitten nicht mehr half. Das hatte seine Frau sicher schon eine ganze Weile versucht, denn auf meine dringende Nachfrage hin, seit wann sie denn Wehen hatte, antwortete sie nur: „Ich hab nicht auf die Uhr gesehen, aber es war noch stockdunkel draußen!" Nun war es jedenfalls schon hell, schließlich war Sommer. Das hieß aber auch, dass die arme Frau sich schon eine ganze Weile allein abmühte, was – und das sagte mir meine Erfahrung als Hebamme – nun wirklich nicht gut war und höchstens die Angst förderte. „Keine Bange, ich bin da und ich weiß, was zu tun ist!", beruhigte ich sie und griff schon fast automatisch nach meinem Mobiltelefon. Damit war der Krankenwagen schnell verständigt. Dann lagerte ich meine Nachbarin erst einmal in einer bequemeren Position.

„Was wird es denn?", fragte ich sie, schon um sie irgendwie zu beschäftigen. „Keine Ahnung, er oder sie wollte nicht, dass wir es vorher erfahren!", flüsterte sie. „Sie sind Hebamme, stimmt's? Das hat mir Ihr Mann mal erzählt. Und die halbe Nachbarschaft natürlich, ich bin schließlich schon seit über sechs Wochen daheim. Ihr Kater hat mir jeden Tag Gesellschaft geleistet, so ein wunderbares Tier, so lieb und zutraulich. Und so verschmust!" Sie warf Stromer einen liebevollen Blick zu. „Nun ist der Geburtstermin aber schon seit drei Tagen überschritten und seitdem hat Cornelius kein Auge mehr zugetan, kein Wunder, dass er völlig durch den Wind ist."

„Ich muss einen Krankenwagen rufen!", meldete sich der nun endlich wie aufs Stichwort. „Das ist bereits erledigt. Holen Sie lieber die Tasche Ihrer Frau, ja? Und dann schauen wir mal, ob sie aufstehen kann!" Er schien mich verstanden zu haben, denn er nickte, rannte dann aber immer noch völlig kopflos an mir vorbei und kam prompt mit der Handtasche seiner Frau wieder. „Ich meine die Tasche, die Ihre Frau fürs Krankenhaus gepackt hat. Die mit dem Waschzeug, dem Nachthemd und den ersten Babysachen, wissen Sie?" Er nickte eifrig, doch ich sah ihm an der Nasenspitze an, dass er keinen blassen Schimmer hatte, was ich von ihm wollte.

„Er freut sich so, seit Monaten schon. Und er ist so furchtbar aufgeregt!", flüsterte mir seine Frau zu. Trotz der Wehen schien sie ihm sein Verhalten wenigstens nicht übel zu nehmen, sie hatte echt Humor. Aus meiner Praxis war ich da ganz anderes gewohnt.

„Es wird alles gut werden!", versicherte ich ihr, hielt ihr die Hand und entlockte ihr ihre ganze Lebensgeschichte. Ich vergaß dabei fast, dass ich mich auf dem Schlafzimmerfußboden des Nachbarhauses befand und nicht im Kreißsaal unseres Krankenhauses. Dann hörte ich den Krankenwagen mit Sirene angebraust kommen. Zum Glück hatte ich die Tür unten offen gelassen und ein Blick aus dem Fenster sagte mir, dass Herr Bachmann inzwischen auf die Straße gerannt war. Der Rest war ein Kinderspiel – ich übergab meine Patientin, die mir von der Trage aus noch zuflüsterte, wo ich ihre Tasche finden würde, dem Notarzt und machte mich mit Stromer im Schlepptau auf den Weg zur Straßenbahnhaltestelle.

Dass ich an diesem Tag zu spät zum Dienst erschien, lag auf der Hand. Aber unter diesen Umständen hatte auch jeder Verständnis dafür. Abends, nach dem Dienst, empfing mich Stromer dann wie gewohnt an der Straßenbahnhaltestelle. Doch dieses Mal war er nicht allein gekommen, denn mit ihm zusammen wartete noch ein älteres Paar auf mich.

„Frau Hildebrandt?", fragte die rundliche Dame schüchtern. „Bitte entschuldigen Sie den Überfall, aber unser Sohn schickt uns. Er meinte, wir bräuchten nur dem Kater folgen, der holt sie jeden Tag ab. Cornelius wäre ja gern selber gekommen, um sich bei Ihnen zu bedanken, dass Sie heute Morgen so spontan eingesprungen sind!"

So langsam dämmerte es mir nun, wer die beiden waren! „Ist alles gut gegangen?", erkundigte ich mich. „Ja, alles bestens!", meldete sich der stolze Großvater zu Wort. „Wir haben eine kleine Magdalena bekommen! Bildhübsch und kerngesund!"

„Ja, dank Ihnen!", sagte nun seine Frau und zauberte einen kleinen Blumenstrauß aus ihrer Tasche. „Einen größeren bekommen Sie von Cornelius später. Aber es war ihm ein dringendes Bedürfnis, dass Sie so schnell wie möglich Bescheid bekommen. Und dass der Kater eine ganze Palette Leckerlis bekommt, war ihm auch wichtig. Die haben wir jedoch lieber bei Ihnen in die Auffahrt gestellt!"

Ich war wirklich gerührt, bedankte mich artig und wünschte ihnen alles erdenklich Gute. Als Stromer und ich nach Hause kamen, stand tatsächlich ein Riesenposten Katzenleckerbissen vor der Tür. Und ich wunderte mich einmal mehr über den siebenten Sinn meines Katers.